走向技能型社会

公共职业技能培训
共建共享

主　编
郭启民　杨伟国
副主编
陈玉杰　刘　强

**To
a Skilled
Society**

Co–Building and Sharing of
Public Vocational Skills Training

中国人民大学出版社
·北京·

本书编委会

主　编

郭启民　杨伟国

副主编

陈玉杰　刘　强

编写人员

谢　达　郭　雯　刘佳纯　章紫馨　郑海涛
于新九　雷骐祯　张　莉　潘广正　李健龙

当前，我国经济已由高速增长阶段转向高质量发展阶段，正处在转变发展方式、优化经济结构、转换增长动力的攻关期。我国制造业产出总量已经位居世界第一，工业在向中高端发展，高端制造业对高技能人才的诉求愈发强烈。除此之外，世界经济复苏乏力、经贸摩擦持续等，也给我国经济高质量发展带来了挑战。在这一背景下，坚持劳动力供给侧改革，建设独立自主、内外双循环联动的经济体系成为推动我国经济持续发展、产业进一步升级的战略性任务，而促进技能人才队伍总量的扩展、质量及结构优化是这一战略性任务的重要组成部分。

2021年4月，全国职业教育大会创造性地提出了建设技能型社会的理念与战略。6月，人力资源社会保障部印发了《"技能中国行动"实施方案》。10月，中共中央办公厅、国务院办公厅印发的《关于推动现代职业教育高质量发展的意见》明确提出，到2025年，技能型社会建设全面推进；到2035年，技能型社会基本建成。技能型社会的基本特征是：国家重视技能，社会崇尚技能，人人学习技能，人人拥有技能。为实现这一目标，需要通过社会制度集合全体劳动者的力量，将所有资源融汇其中，构建覆盖全产业链、全职业生涯的教育培训项目，最终达到社会技术技能升级。技能型社会建设或技能人才培养是一项系统工程，涉及技能人才的培养、选拔、评价、使用、交流、激励和保障等诸环节。其中，最基础、最关键同时也是最薄弱和急迫的环节是培养。近年来，我国技能人才培养工作取得了显著成绩，人才队伍不断壮大。但从总体上看，技能人才依然严重短缺，技能人才培养基础仍然薄弱，职业技能培训资源分散、不能形成合力，严重影响了技能人才培养的质量，这也成为制约经济社会持续发展和阻碍产业升级的"瓶颈"。

为统筹推进职业技能培训基础能力建设，支持公共实训基地建设，推动职业技能培训资源共建共享，国家发展改革委等 16 部门联合发布的《关于推动公共实训基地共建共享的指导意见》（发改就业〔2020〕1951 号）从公共实训基地的定位、建设、使用、保障等方面提出了共建共享的指导意见。2021 年《"十四五"就业促进规划》也提出要实现职业技能培训供给多元化，实施职业技能培训共建共享行动，健全职业技能培训共建共享机制，开展县域职业技能培训共建共享试点。可见从现实需求和政策导向上来说，持续动态关注公共职业技能培训共建共享情况具有非常重要的理论和现实意义。

本书由国家发展改革委就业收入分配和消费司、中国人民大学劳动人事学院、中国劳动和社会保障科学研究院共同编写完成，对国家和部分重点省份推进公共职业技能培训共建共享的政策措施和实践进行了归纳整理，剖析了我国公共职业技能培训共建共享的现状和存在的问题，同时总结归纳了澳大利亚、英国、新加坡、欧盟推动公共职业技能培训共建共享的做法，在此基础上提出了促进我国公共职业技能培训资源整合、规范化发展的意见和建议，以期为管理者、研究者、政策制定者以及相关工作实践者提供参考和借鉴。

目 录
● Contents

第1篇 /

绪　论

公共职业技能培训共建共享是推动技能型社会形成，构建终身学习培训体系的重要组成部分。要有效推进公共职业技能培训共建共享，首先需掌握相关概念，了解我国技能培训的发展历程，以及明确公共职业技能培训共建共享的重要意义。

1.1　相关概念界定

要实现公共职业技能培训共建共享，首先需要明确其概念范围。本节对公共职业技能培训、公共职业技能培训共建、公共职业技能培训共享的定义加以详细阐述。

1.1.1　公共职业技能培训

公共职业技能培训是职业技能培训的重要组成部分。何筠等（2005）认为公共职业培训是为了帮助一部分社会成员进行就业由政府出资而进行的技能训练。[1]谭啸（2007）认为公共职业培训是为了帮助就业困难人员就业，由政府出资而进行的非学历的劳动技术与职业技能训练。[2]本书认为，在当下这两种定义范围略显狭窄。第一，从全球范围看，近年来公共职业技能培训的对象已从失业者扩大到在职劳动者，甚至是即将进入劳动力市场的潜在劳动力。第二，从功能看，职业技能培训业已从失业应对转向失业预防，从促进就业转向促进劳动者的全面发展。综上，本书认为公共职业技能培训是为了帮助劳动者实现就业、提高劳动者职业技能与素质，更好地满足劳动力市场需求和劳动者个人职业发展需要，由政府完全或部分出资向劳动者提供的非学历的职业训练、技能培训、素质培养等活动。

1.1.2　公共职业技能培训共建

"共建"指共同建设，其中"共同"意味着主体的多元化。公共职业技能培训共建的最终目的是在国家层面，形成跨部门、跨省市、跨区域合作共建的局面。所谓跨部门，是指负责投资建设公共职业技能培训的部门不再局限于政府主管部门，而是涵盖相关利益主体如政府、学校、行业、企业、社会团体、社会成员等，这些部门或个人通过资金、设备、技术、人员和场地等要素的投入共同建设公共职业技能培训机构，建设内容不仅包括培训机构的规模、实训场所的布置、实训设备的配置等硬件方面，也包括培训功能的设计、培训课程教学体系的开发、培训教师的聘任、培训运行管理机制的建立等软件方面。从狭义上说，共建主要是指相关利益主体共同对资金设备、技术、人员和场地等要素进行硬件方面的合作建设。本书所指的公共职业技能培训共建，主要是狭义上的共建。

1.1.3　公共职业技能培训共享

"共享"指共同享用。"共"是"享"的方法和途径，"享"是"共"的结果和目标，二者的结合与互动实现共享。[3]共享意味着既参与贡献又参与分享收益，是付出和收获的平衡。换言之，共享并不意味着无条件地完全免费享用。公共职业技能培训共享是培训资源互动交流、协调整合、优势互补、共同发展的过程。它是指相关利益主体充分利用公共职业技能培训机构的实训教学、职业培训、技能鉴定、技术服务、产品生产等功能，除了在场地、设备等硬件方面实现资源共享，还在师资、课程等软件方面实现资源共享，最终形成多方互利共赢的局面。[4]

1.2　我国职业技能培训发展历程[5]

新中国成立以后，特别是改革开放以来，我国社会对职业技能培训重要性的认识不断深入，逐步认识到职业培训对提高劳动者职业能力、促进和改善就业、化解就业结构性矛盾的重要作用。2002 年，党的十六大提出，构建终身教育体系。2007 年，党的十七大提出，建设全民学习、终身学习的学习型社会，使现代国民教育体系更加完善，终身教育体系基本形成。2013 年，党的十八届三中全会提出，构建劳动者终身职业培训体系。2017 年，党的十九大提出，要大规模开展职业技能培训，注重解决结构性就业矛盾。2022 年，党的二十大提出，健全终身职业技能培训制度，推动解决结构性就业矛盾。相应地，国家陆续出台和实施了一系列法律、法规和政策措施，支持和鼓励劳动者参与职业培训。总体来看，全社会职业培训的规模不断扩大，覆盖范围不断扩展，对提高劳动者职业能力和素质、促进就业发挥了积极作用。我国职业技能培训大致经历了以下四个发展阶段：新中国成立到改革开放以前以技术工人培养为主的阶段；党的十一届三中全会至 20 世纪末职业培训蓬勃发展阶段；21 世纪初至党的十八大前面向全体劳动者的职业培训制度逐步确立阶段；党的十八大以来构建终身职业技能培训体系阶段。

1.2.1　1949—1978 年：以技术工人培养为主的阶段

新中国成立后，我国职业培训工作的重点是解决旧中国遗留下来的 400 多万失业工人和失学青年的就业问题。国家在实施大规模的文化扫盲的同时，采取以工代赈、生产自救、回乡生产和发放救济金等措施扶持失业劳动者。1950
年，政务院出台《救济失业工人暂行办法》；1952 年，政务院发布《关于劳动
就业问题的决定》，规定对各类失业人员登记之后，有计划地分批予以训练。[6]
同时还大量开办各种类型的职业技能训练班（技术训练班、学徒训练班等），
按照生产建设的实际需要设置专业，对失业工人进行转业训练。一些条件较好
的转业培训班办成了技工学校，采取技工学校学制教育形式，主要培养中级技
术工人。同时，企业开展学徒培训，主要培养初级技术工人。"文化大革命"
期间，职业培训工作受到严重冲击，基本上处于停滞状态。

1.2.2　1978—1999 年：职业培训蓬勃发展阶段

党的十一届三中全会做出了把全党工作的着重点转移到社会主义现代化建
设上来的重大战略决策，我国进入了现代化建设的新的历史时期。1983 年，
全国培训工作会议确立全面实行先培训后就业制度的总目标。1994 年，劳动
部发布了《就业训练规定》。1996 年，劳动部等部门制定《企业职工培训规
定》，推动企业提取职工培训经费。1996 年起，劳动部在 36 个城市开展了劳
动预备制度试点，面向"两后生"（初中、高中毕业未能继续升学的学生）开
展 1～3 年的职业培训。1999 年，国务院转发劳动和社会保障部等部门《关于
积极推进劳动预备制度加快提高劳动者素质的意见》，全面推行劳动预备制度
培训。为落实《中共中央 国务院关于切实做好国有企业下岗职工基本生活保障
和再就业工作的通知》（中发〔1998〕10 号）要求，1998—2000 年和 2001—
2003 年，劳动部（劳动和社会保障部）相继实施两期"三年千万"再就业培
训计划；2004—2005 年，继续实施再就业培训计划，开展下岗工人再就业培
训。1999 年，劳动和社会保障部在总结北京、上海、苏州三地试点基础上，
推动创业培训工作。

1.2.3　2000—2011 年：面向全体劳动者的职业培训制度逐步确立阶段

进入 21 世纪，我国经济社会发展进入了新的阶段，职业培训工作的重点
从被动地解决就业问题转向积极主动地进行技能开发，从重点针对某一特殊群

体转向面向全体劳动者。2002 年，劳动和社会保障部发布《加强职业培训提高就业能力计划》（劳社部发〔2002〕13 号），对失业人员、新生劳动力、企业在职职工和农村富余劳动力，强化再就业培训和创业培训。2005 年起，劳动和社会保障部相继实施职业培训"5+1"计划行动，包括新技师培养带动计划、技能再就业计划、能力促创业计划、农村劳动力技能就业计划、国家技能资格导航计划以及技能岗位对接行动。2006 年党的十六届六中全会和 2007 年党的十七大明确提出要健全面向全体劳动者的职业技能培训制度。2009—2010 年，为应对全球金融危机，人力资源和社会保障部实施特别职业培训计划，重点是困难企业职工、失业人员、返乡农民工、新成长劳动力。2010 年，《国务院关于加强职业培训促进就业的意见》（国发〔2010〕36 号）提出加快构建面向全体劳动者的职业培训制度。

1.2.4 2012 年以来：构建终身职业技能培训体系阶段

党的十八大以来，我国经济社会发展步入了新的历史时期，加快转变经济发展方式、调整产业结构、实施创新驱动发展战略、建设创新型国家，都需要一大批高素质技能人才作为支撑。这一时期职业技能培训工作的出发点也从短期的技能训练为主转向推行终身技能养成。党中央、国务院出台了多个重要文件，从培训载体、培训对象、培训模式、培训激励机制、培训基础能力（教材、标准）、培训师资、培训监督评价等多个方面推动职业培训工作，如《国务院关于推行终身职业技能培训制度的意见》（国发〔2018〕11 号）、《职业技能提升行动方案（2019—2021 年)》、《"技能中国行动"实施方案》等。特别是《职业技能提升行动方案（2019—2021 年)》强调把职业技能培训作为保持就业稳定、缓解结构性就业矛盾的关键举措，作为经济转型升级和高质量发展的重要支撑，从失业保险基金结余中拿出 1 000 亿元，面向职工、就业重点群体、低收入劳动力等城乡各类劳动者，大规模开展职业技能培训。2021 年 12 月，人力资源和社会保障部、教育部、国家发展改革委、财政部印发了《"十四五"职业技能培训规划》，这是我国第一部职业技能培训规划，在我国职业技能培训工作史上具有划时代的意义，也标志着我国初步建立了覆盖全体劳动者的终身职业技能培训体系。

　　为促进高技能人才培养及部分重点群体就业创业技能的提升，这一时期我国实施了一系列重点项目，包括国家高技能人才振兴计划、公共实训基地建设、农民工职业技能提升计划——"春潮行动"、化解过剩产能企业职工特别职业培训计划、农民工等人员返乡创业培训五年行动计划、百城技能振兴专项活动、企业新型学徒制、职业技能提升行动、技能中国行动等。同时，建立了多元的培训资金渠道，包括职业技能提升资金、就业补助资金、失业保险基金、职业教育专项经费、人才工作经费、企业职工教育培训经费、个人投入及社会捐赠。

1.3　公共职业技能培训共建共享的重要意义

　　截至 2021 年底，我国人口总量超 14 亿，全国就业人员约 7.46 亿人，而技能劳动者约 2 亿人，仅占就业人员总量 26%，其中高技能人才约 6 000 万人，仅占技能劳动者总数的 30%，远低于制造业发达国家普遍的接近 50% 的水平。面对技术升级和产业变革，技能人才（尤其是高技能人才）短缺的问题将进一步凸显。

　　从市场供求看，随着经济发展方式转变、产业结构调整、技术革新步伐和城镇化进程的加快，劳动者素质结构、技能水平与岗位需求不匹配的就业结构性矛盾越来越突出。近年来，企业普遍存在"缺工"问题，以高技能人才为焦点的"结构性缺工"尤为严重。人力资源和社会保障部信息中心和中国就业培训技术指导中心对全国 83 个城市的公共就业服务机构市场供求信息进行了统计分析，发现 2018 年后，劳动力市场岗位空缺和求职人数的比率在不断上升，由 2018 年第一季度的 1.23 上升到 2021 年第三季度的 1.53。同时，市场对具有技术等级劳动者的用人需求较大，高级技师岗位空缺与求职人数的比率由 2018 年第一季度的 2.24 上涨到 2021 年第三季度的 3.05。[7]同时，制造业人才缺口严重，"中国制造 2025"十大重点领域人才缺口都很高，仅新一代信息技术产业人才到 2025 年人才缺口就高达 950 万。[8]

　　有调查结果显示，2018 年全国企业整体主动离职率为 17%。[9]但本书编者近期对东莞制造业开展的调研发现，大量中小企业普遍受到员工流失率高的困扰，流失者主要是青年技能劳动者，有些中小民营制造企业的技工月流失率已达 20% 以上，这意味着一条生产线上的员工一年要换两遍以上。未来伴随我国产业升级、动能转换步伐的加快，特别是现代信息技术、人工智能技术的快速发展，将促使企业对技能型人才不断提出新要求，技能工人结构性短缺问题会更加突出。因此，提高劳动者职业技能水平、提高就业质量、改善收入分配状况已成为我国现阶段的重大战略性任务，必须加大对劳动者的公共职业技能培训，构建劳动者终身职业技能培训体系，培养数量充足、质量优异的高素质劳动者。

1.3.1　开展公共职业技能培训是弥补市场失灵，加强人力资本投资的重要手段

职业技能培训的提供者可以是企业、政府、社会培训机构等。20 世纪以来，经济学界对政府是否应该干预职业技能培训进行了广泛的研究探讨，基本分为两大阵营：支持政府干预和反对政府干预。支持政府干预职业技能培训的主要有凯恩斯主义经济学和制度经济学；反对政府干预职业技能培训的主要是新古典经济学派。如凯恩斯主义认为，有效需求不足使得社会处于低于充分就业的水平，要使有效需求达到充分就业要求的水平，单靠市场机制是无法实现的，必须依靠国家对经济生活的调节和干预，大力刺激消费和投资。新古典经济学认为，个体是理性经济最大化者，市场有强有力的趋势进行市场出清并达到均衡状态，任何干预都是无效率且没必要的。政府应该减少干预，充分发挥市场的调节作用。另外，根据公共经济学理论，通过对职业技能培训的产品属性的分析也能为政府介入职业培训提供依据。公共产品是指具有消费或者使用上的非竞争性和收益上的非排他性的产品，例如国防、环保、教育等。公共产品可以分为纯公共产品和准公共产品。而职业技能培训本身在收益方面是具有非排他性的，劳动者技能水平的提高不仅使其本人受益，而且使其所在机构和整个社会都从其技能水平的提高中受益。因此，职业技能培训具有准公共产品的性质，既需要鼓励个人和企业投资，也需要政府提供资金支持和相关政策保障。

这一方面是由职业技能培训的外部性收益决定的。参与职业技能培训的劳动者可以通过培训获得收益，如获得新工作、更高水平的工资、职业晋升等；受训者个人得到收益的同时，企业和社会也从劳动者技能水平提升中获益，包括企业生产率的提高、盈利水平的提升，社会的稳定，经济的发展等。如对下岗失业工人的培训在帮助其就业的同时促进了社会的稳定，增进了人民福祉；对高端紧缺技能的培训推动了国家产业结构的升级。因此，职业技能培训本身是具有外部性的，从整个国家甚至全社会的角度考虑，无论是哪个机构承担了培训的成本，国家和社会都是受益者。这种外部性收益也是政府应当介入职业技能培训的一个重要原因。

另一方面是由于职业技能培训市场的不完备。我国正处在工业化、城镇化和现代化建设的关键时期，但是许多地区和行业都存在着技能劳动者特别是高技能人才供不应求甚至严重短缺的现象，这已成为制约企业持续发展和阻碍产业升级的瓶颈。职业技能培训市场的不完备导致职业技能培训投资不足是重要原因。主要体现在以下两个方面：第一，企业提供培训的积极性不高，导致企业培训不足。职业培训可能产生的产权损失问题及部分企业缺乏远见等原因，导致多数企业提供职业技能培训的积极性不高。第二，职业技能培训的力量不足。目前，我国已经形成由技工院校、就业训练中心、公共实训基地、企业培训中心、民办职业培训机构共同组成的职业培训平台，但一些部门和企业主办的学校、培训中心或社会培训机构，往往规模过小、设备陈旧落后、培养层次不高，无法满足市场对技能人才的需求。

因此，从全社会的人力资源开发角度来说，政府非常有必要介入职业技能培训事宜，为人才培养提供资金支持和政策保障。政府支持职业技能培训的方式可以是给予劳动者或者培训机构培训补贴，弥补培训的成本；也可以是提供培训设施和培训场地，提升职业技能培训的基础能力和水平。纵观世界上的工业化国家，无论是德国、日本、韩国、美国还是新加坡，在技能人才短缺时期都由政府出资建立或者是补贴培训机构进行人才的培养。

1.3.2 推动公共职业技能培训共建共享是实现更充分更高质量就业的需要

第七次全国人口普查数据显示，全国人口中，15～59 岁劳动年龄人口为

89 438 万人，占 63.35%；60 岁及以上人口为 26 402 万人，占 18.70%。其中，65 岁及以上人口为 19 064 万人，占 13.50%。[10]一方面，人口老龄化速度在加快，但可以预见的是未来一段时间我国就业总量压力仍将存在。另一方面是就业结构性矛盾越来越突出，结构性矛盾主要体现在招工难、技工短缺、高校毕业生供求不匹配等方面。就业结构性矛盾是劳动力市场上供给和需求之间存在的不匹配现象，这种不匹配既可以是地区、行业之间的不匹配，也可以是劳动者素质技能与岗位技能需求之间不匹配。当前经济形势下，就业结构性矛盾在更大程度上是由劳动者技能和工作岗位的错配所致。一方面，传统产业的转型升级会导致淘汰一批传统和低技术含量工作岗位；另一方面，新型的产业会创造出一批新技术和新技能工作岗位。由于技能与岗位的错配，劳动者的职业技能不能适应和满足工作岗位的要求而产生矛盾。解决当前结构性就业矛盾的重点是大力提升劳动者的职业技能，使其能适应和满足就业岗位的需要。因此，大规模开展公共职业技能培训，提升劳动者职业技能，是解决就业结构性矛盾的关键。推动公共职业技能培训的共建共享能最大限度调动社会各方的积极性，充分利用各种资源，形成举全局之力办大事的局面。

1.3.3　推动公共职业技能培训共建共享是适应经济高质量发展的需要

经济高质量发展需要高质量的人力投入。我国经济发展进入新时代的基本特征就是我国经济已由高速增长阶段转向高质量发展阶段。经济高质量发展的特征是经济由粗放型的低效率要素推动转变为集约型的高效率全要素推动。生产要素中的人力投入要从过去的数量投入转为质量投入，全要素生产效率的提高最终离不开人力质量的提高。全要素生产率体现在技术进步和效率改进。劳动力的质量在技术进步和效率提升中发挥着关键作用。

同时，劳动力职业技能提升也是劳动力供给侧结构性改革的关键。习近平总书记在提出"供给侧结构性改革"概念时指出，在适度扩大总需求的同时，着力加强供给侧结构性改革，着力提高供给体系质量和效率，增强经济持续增长动力。供给侧结构性改革是要推动经济发展质量变革、效率变革、动力变革。供给侧结构性改革要素分别是劳动力、土地、资本、技术、制度和配套改革。中国的潜在增长主要看生产要素的供给量和生产要素的配置效果。劳动力是供给侧结构性改革的要素之一，劳动力要素的质量和效率问题，直接关系到供给侧结构性改革能否实现质量变革、效率变革和动力变革。我国经济依靠人口数量红利驱动的发展模式已经成为过去，未来应依靠劳动力素质的提高，用人口质量红利替代人口数量红利。应使劳动者提升就业能力，充分发挥高素质劳动力在推动高质量发展中的动力作用。因此，大规模开展公共职业技能培训，是推动经济高质量发展的必然要求。

第 2 篇

国家层面公共职业技能培训共建共享的政策措施

党的十八大以来，我国经济社会发展步入了新的历史时期，加快转变经济发展方式、调整产业结构、实施创新驱动发展战略、建设创新型国家，都需要一大批高素质技能人才作为支撑。这一时期职业技能培训工作的出发点也从短期的技能训练为主转向推行终身技能养成。2012—2021 年，国家层面共出台约 112 项推动公共职业技能培训共建共享的政策措施（见附录 2）。本篇就国家层面的政策特点和主要内容进行介绍。

2.1 政策特点

党中央高度重视我国公共职业技能培训共建共享，并根据我国由高速发展转向高质量发展，以及发展的不平衡、不充分等客观情况进行政策制定。表现为政策覆盖面广泛，从政府主导转向市场主导，以及积极推进信息化建设等特点。

2.1.1　政策覆盖面广泛

党中央、国务院及各个部委的政策，广泛覆盖了各类人群和不同行业，同时兼顾地域差距，推动培训资源均等化。从对象上看，覆盖了农民工、妇女、青年、退役士兵、低收入人群、特殊人群等，如"春潮行动""雨露计划""马兰花计划"等（见附录2）。从行业上看，覆盖农业现代化、科技工业与制造业、高质量服务业等重点行业（见附录2）。同时对低收入地区、边疆民族地区和革命老区，以及东北老工业基地等制定了专门的政策（见附录2）。新时代要推动经济高质量发展，必须提升劳动者技能水平与职业素养。加强公共职业技能培训共建共享是提高资源利用效率、提高培训质量的重要手段，也是促进产教融合、建设现代化职业教育培训体系的核心措施。

2.1.2　从政府主导转向市场主导

党的十八大以来，我国经济政治环境发生了重大变化。2015年，国务院提出打造服务型政府。在职业培训领域，也越来越强调市场需求的重要性。2016年3月，中共中央印发了《关于深化人才发展体制机制改革的意见》，提出要创新人才教育培养模式，统筹产业发展和人才培养开发规划，加强产业人才需求预测，加快培育重点行业、重要领域、战略性新兴产业人才。2019年，《职业技能提升行动方案（2019—2021年）》提出，在政府主导的培训机制下，整合社会培训主体和培训资源，通过激励性政策激发社会多方参与培训的积极性，使培训供给和需求内部系统形成可持续的生态圈。将各个具体的培训任务下放到各级政府部门，其中包括人力资源和社会保障部门、财政部门、教育部门、工业和信息化部门、国有资产监督管理部门等，通过部门合力共商职业技能培训工作机制。在多方参与方面，政府通过补贴性培训政策激发企业、职业院校、社会培训机构和评价机构的参与活力，同时鼓励工会、团委、妇联等群团组织以及行业协会参与职业技能培训工作。各地通过颁布多种对用工单位和劳动者双向激励的政策，提升了职业技能培训的内在动力。2021年12月，《"十四五"职业技能培训规划》发布，提出建立以企业自主培训、市场化培训为主要供给，以政府补贴培训为有益补充的培训组织实施体系。这也意味着在不断深化改革的过程中，我国职业技能培训体系建设已正式从政府主导转向市场、企业主导。

2.1.3　积极推进信息化建设

互联网与信息技术深刻改变了经济和社会的运行方式，大大提升了信息流通速度。从 2015 年起，"互联网＋"成为许多政策文件中的重要组成部分。随着我国数字经济占比日益增加，产业、教学数字化被提及的次数越来越多，在线培训、虚拟仿真等培训方法成为增强培训效果的重要手段。2020 年，国家发展改革委办公厅等部门印发《关于应对新型冠状病毒感染肺炎疫情 支持鼓励劳动者参与线上职业技能培训的通知》（发改办就业〔2020〕100 号，已废止），要求免费开放线上职业技能培训资源。疫情期间，依托工业和信息化技术技能人才网上学习平台（www.tech-skills.org.cn）、技能强国-全国产业工人技能学习平台（PC 端：skills.kjcxchina.com，移动端：skills.kjcxchina.com/m）、学习强国技能频道、中国职业培训在线（px.class.com.cn）、中国国家人事人才培训网（www.chinanet.gov.cn）等线上职业技能培训平台，对劳动者实行重点课程免费开放。对湖北等重点地区进一步加大线上职业技能培训资源开放力度，扩大课程免费范围。同时，鼓励世界技能大赛获奖者、中华技能大奖获得者、全国技术能手、省级以上劳模工匠、省级以上青年岗位能手标兵等优秀技能人才，开展线上视频直播授课。《"十四五"职业技能培训规划》也提出，鼓励各地依托企业、高等学校、职业院校、社会培训机构的数字职业技能培训资源，推进培训资源库开发应用，支持职业技能线上培训平台建设。同时，要着力构建与终身职业技能培训制度相适应的信息化服务体系，加强信息化建设。

2.2　公共职业技能培训共建共享的主要内容

总体来看，近十年来国家层面政策主要从培训成本共担、培训载体共建、培训资源共享、评价标准共通以及信息化建设五个方面持续推进公共职业技能培训共建共享。

2.2.1 培训成本共担

一是完善职业培训补贴政策，加强政府引导激励。根据《关于全面推行中国特色企业新型学徒制 加强技能人才培养的指导意见》（人社部发〔2021〕39号）和《关于做好职业技能提升行动专账资金使用管理工作的通知》（人社厅发〔2019〕117号），地方各级政府要加大职业技能培训资金支持和筹集整合力度，将一定比例的就业补助资金、地方人才经费和行业产业发展经费中用于职业技能培训的资金，以及从失业保险基金结余中拿出的 1 000 亿元，统筹用于职业技能提升行动。各地拟用于职业技能提升行动的失业保险基金结余需在社会保障基金财政专户中单独建立"职业技能提升行动专账"，用于职工等人员职业技能培训，实行分账核算、专款专用。另外，2021 年，人社部、财政部印发《关于拓宽职业技能培训资金使用范围提升使用效能的通知》（人社部发〔2021〕69号），要求省级人社部门、财政部门统筹职业技能提升行动专账资金管理工作，在辖区内调剂使用，向培训任务重、资金缺口大的地区倾斜。

二是积极引入市场和社会力量，鼓励企业参与。2014 年，《国务院关于加快发展现代职业教育的决定》（国发〔2014〕19号）指出，企业要依法履行职工教育培训和足额提取教育培训经费的责任，一般企业按照职工工资总额的 1.5% 足额提取教育培训经费，从业人员技能要求高、实训耗材多、培训任务重、经济效益较好的企业可按 2.5% 提取，其中用于一线职工教育培训的比例不低于 60%。除国务院财政、税务主管部门另有规定外，企业发生的职工教育经费支出，不超过工资薪金总额 2.5% 的部分，准予扣除；超过部分，准予在以后纳税年度结转扣除。

随着校企合作的进一步推行，不断有政策鼓励企业参与共建公共职业技能培训项目：允许职业院校将一定比例的培训收入纳入学校公用经费，学校培训工作量可按一定比例折算成全日制学生培养工作量。[11]鼓励保险公司对现代学徒制、企业新型学徒制保险专门确定费率。职业学校通过校企合作、技术服务、社会培训、自办企业等所得收入，可按一定比例作为绩效工资来源。[12]各省（自治区、直辖市）在政策、资金和项目等方面向参与实施试点的院校倾斜，支持学校教学实训资源与培训考核资源共建共享，推动学校建好用好学校自办、学校间联办、与企业合办、政府开办等各种类型的实训基地。要吸引社会投资进入职业教育培训领域。产教融合实训基地和产教融合型企业要积极参与实施培训。[13]支持行业组织积极参与产教融合建设试点项目。对纳入产教融合型企业建设培育范围的试点企业，兴办职业教育的投资符合规定的，可按投资额的 30％抵免当年应缴教育费附加和地方教育附加。[14]

2.2.2　培训载体共建

党的十八大后，国家出台了多项政策支持培训载体共建。《关于推动公共实训基地共建共享的指导意见》（发改就业〔2020〕1951 号）从公共实训基地的定位、建设使用、保障等方面提出了共建共享的指导意见。要求做好公共实训基地与院校实训基地、企业实训基地的有效衔接，鼓励各地以公共实训基地为平台，统筹优化工会、院校、行业、企业及其他社会组织的培训资源，提升综合利用效率。同时，坚持"能共建则共建，能共享则共享"的导向，支持有公共职业技能培训任务和职能的多部门、多行业积极参与，充分体现公共性和开放性。要加强信息化、网络化建设，推动职业技能培训线上线下融合，让职业技能培训具有更强的可获得性。《关于充分发挥职业技能提升行动专账资金效能 扎实推进职业技能行动的通知》（人社部函〔2021〕14 号）则强调，要完善企校双师带徒、工学交替培养等模式，创新开展"行校合作"，鼓励行业协会、跨企业培训中心等组织中小微企业开展学徒制培训，并按规定给予培训补贴。《职业教育提质培优行动计划（2020—2023 年）》则提出，实施"职业教育服务终身学习质量提升行动"。鼓励职业学校积极参与社区教育和老年教育，与普通高校、开放大学（广播电视大学）、独立设置成人高校、各类继续教育机构互联互通、共建共享，形成服务全民终身学习的发展合力。

2.2.3　培训资源共享

共享是新发展理念的核心之一，是中国特色社会主义的本质要求。公共职业技能培训体系建设的主要目的之一即实现培训资源共享，提高培训效率。

在课程资源方面，《"十四五"职业技能培训规划》提出要建立完善适应新时代技能人才培训需求的高质量职业培训教材与数字资源体系，定期完善职业培训教材与数字资源建设规划目录，鼓励符合规定条件的单位积极参与规划教材编写与数字资源开发。《职业教育提质培优行动计划（2020—2023年）》提出，探索建设政府引导、市场参与的职业教育资源共建共享机制，服务课程开发、教学设计、教学实施、教学评价。建立健全共建共享的资源认证标准和交易机制，推进国家、省、校三级专业教学资源库建设应用，进一步扩大优质资源覆盖面。

在师资队伍建设方面，《"十四五"职业技能培训规划》提出实行专兼职教师制度，从企业高技能人才与技能劳动者中着力培养、充实职业技能培训师资和能承担培训任务的人员，完善培训教师和有关人员执教执训履历档案。建立公共职业技能培训师资库，支持将高技能领军人才、世界技能大赛和全国技能竞赛优秀选手纳入师资库。《职业教育提质培优行动计划（2020—2023年）》提出，要完善职业学校自主聘任兼职教师的办法，实施现代产业导师特聘计划，设置一定比例的特聘岗位，畅通行业企业高层次技术技能人才从教渠道，推动企业工程技术人员、高技能人才与职业学校教师双向流动。鼓励从企业中聘请劳动模范、技术能手、大国工匠、道德楷模担任兼职德育导师，建设一支阅历丰富、有亲和力、身正为范的兼职德育工作队伍。

在授课内容与形式方面，《职业院校全面开展职业培训 促进就业创业行动计划》指出，职业院校要深入开展培训需求调研，提升培训项目设计开发能力，增强培训项目设计的针对性。积极会同行业企业建设一批培训资源开发中心，面向重点人群、新技术、新领域等开发一批重点培训项目，共同研究制定培训方案、培训标准、课程标准等，开发分级分类的培训课程资源包。积极开发微课、慕课、虚拟现实（VR）等数字化培训资源，完善专业教学资源库，进一步扩大优质资源覆盖面。要加强大数据技术的应用，多渠道整合培训资源，鼓励共建共享。突出"短平快"等特点，探索推行"互联网＋培训"模式，通过智慧课堂、移动应用程序（APP）、线上线下相结合等，开展碎片化、灵活性、实时性培训。鼓励职业院校通过"企业学区""移动教室""大篷车""小马扎"等方式，把培训送到车间和群众家门口。

2.2.4　评价标准共通

评价标准是人才培养的试金石和指挥棒，先进、科学、统一的评价体系和评价标准是高质量开展公共职业技能培训的基础，同时也是公共职业技能培训共建共享的重要内容。人社部《关于进一步加强高技能人才与专业技术人才职业发展贯通的实施意见》提出，具备高级工以上职业资格或职业技能等级的技能人才，均可参加职称评审，不将学历、论文、外语、计算机等作为高技能人才参加职称评审的限制性条件。中共中央办公厅、国务院办公厅《关于推动现代职业教育高质量发展的意见》提出，推动中等职业学校与普通高中、高等职业学校与应用型大学课程互选、学分互认。制定国家资历框架，建设职业教育国家学分银行，实现各类学习成果的认证、积累和转换，加快构建服务全民终身学习的教育体系。

2.2.5　信息化建设

近年来，我国信息化基础设施建设水平不断提高。2018 年，国家发展改革委等印发《关于提升公共职业技能培训基础能力的指导意见》（发改就业〔2018〕1433 号），指出要结合国家"金保工程"二期和全国产业工人网络学习平台等公共服务平台，依托各地公共职业技能培训基础平台，积极引导整合大企业、高等学校、职业院校、社会培训机构的数字职业培训资源，推动职业技能培训服务向移动智能终端、自助终端等延伸，提高职业技能培训便利度和可及性。推动虚拟现实、增强现实（AR）和人工智能（AI）等新技术在职业技能培训领域的应用。《"十四五"职业技能培训规划》也提出，推动职业技能培训信息化建设。构建与终身职业技能培训制度相适应的信息化服务体系，加强信息化建设。依托"金保工程"，加快推进职业技能培训实名制管理工作，建立以社会保障卡为载体的劳动者终身职业技能培训电子档案。依托社会保障卡持卡人员基础信息库和全国社会保障卡服务平台，实现培训对象实名认证，探索通过社会保障卡缴纳职业技能培训费和领取补贴费。

第3篇 /

我国公共职业技能培训共建共享现状

党的十八大以来，在党中央、国务院的统一部署、持续推进下，我国公共职业技能培训共建共享取得了长足发展。本篇针对我国公共职业技能培训共建共享发展现状，从培训开展情况、培训载体共建共享情况、培训资源共建共享情况以及存在的困难和突出问题等方面进行简要介绍。

3.1 公共职业技能培训开展情况

截至 2022 年底，我国共开展政府补贴的职业培训 23 081 万人次。2022 年，全年共组织补贴性职业技能培训 2 228 万人次（见图 3-1）。其中，培训企业职工 1 148 万人次，培训失业人员 90 万人次，培训毕业年度高校和中职毕业生 87 万人次。[15]

从参加职业资格鉴定的人数看，2012—2016 年，参加职业技能鉴定考核人数稳定在 1 800 万人左右，获取职业资格证书人数稳定在 1 500 万人左右。2015 年后，一方面职业资格认证体系进行一定改革，另一方面我国劳动者技能积累水平提高，参加职业技能鉴定考核人数和获取职业资格证书人数有所下降。2018—
2021 年，参加职业技能鉴定考核人数稳定在 1 100 万人左右，获取职业资格证书
人数稳定在 900 万人左右。2022 年又出现回升态势，前者为 1 466.5 万人，后者
为 1 234.3 万人，与 2017 年的 1 473 万人和 1 199 万人基本持平（见图 3-2）。

（单位：万人次）

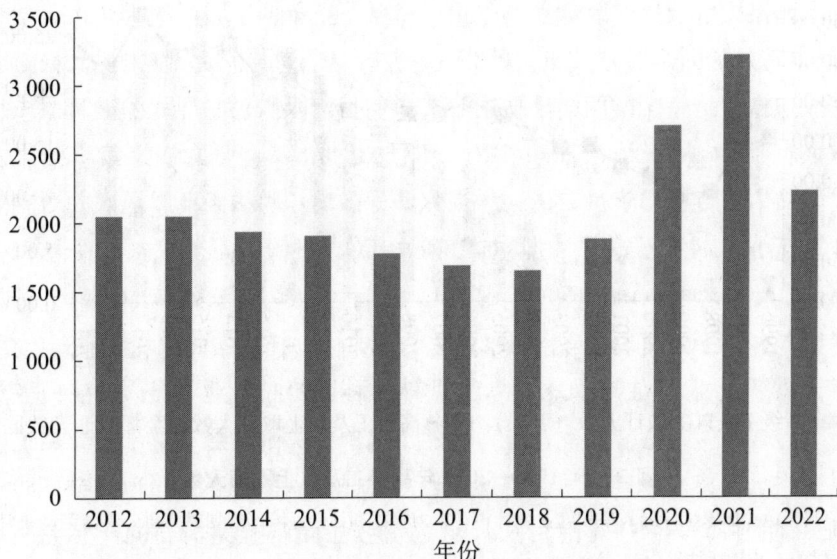

图 3-1　2012—2022 年政府补贴职业培训开展情况

资料来源：2012—2022 年各年度人力资源和社会保障事业发展统计公报.

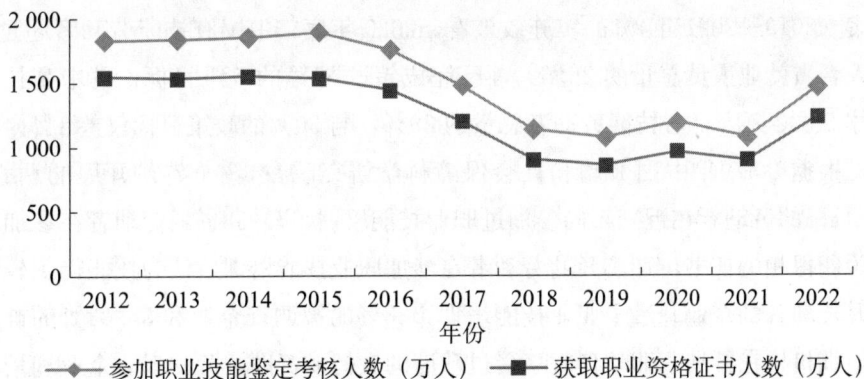

图 3-2　2012—2022 年参加职业技能鉴定考核人数及获取职业资格证书人数

资料来源：2012—2022 年各年度人力资源和社会保障事业发展统计公报.

与此同时，劳动者素质逐渐提升。每年新增高技能人才人数，即取得高级工、技师和高级技师职业资格证书的人数从 1996 年的 32.49 万增加到 2019 年的 201.44 万。高级工及以上取证人数占全部取证人数比例从 15.13％增加到 23.37％（见图 3-3）。

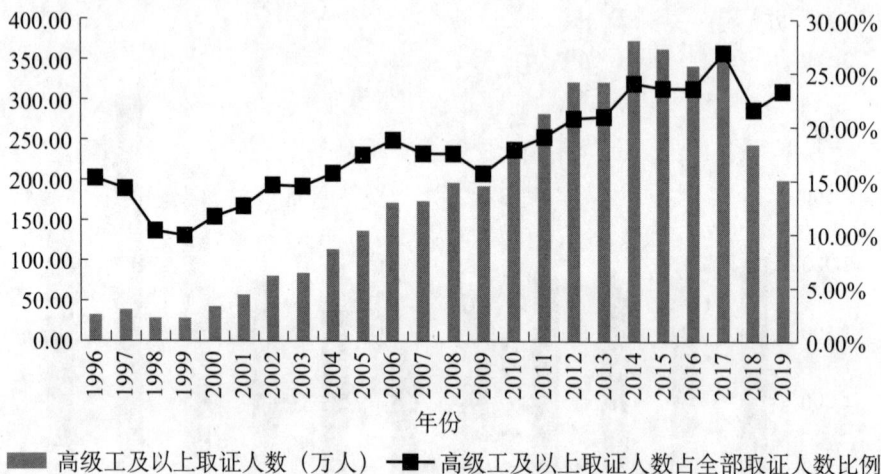

图 3-3　1996—2019 年高级工及以上取证人数

资料来源：国家统计局人口和就业统计司，人力资源和社会保障部规划财务司 . 中国劳动统计年鉴 2020. 北京：中国统计出版社，2020.

职业技能培训政策始终坚持服务经济社会发展需求、服务就业导向，坚持普惠性和兼顾特殊群体，实施效果较好、满意度较高。从《职业技能提升行动方案（2019—2021 年)》的实施效果看，2020 年底，中国有技能劳动者超过 2 亿人，占就业人员总量的 26.6％，已完成超过 25％的政策目标；其中高技能人才 5 800 万人，占技能劳动者总量的 29％，与 30％的政策目标仅差 1％。同时，根据 2020 年中国劳动和社会保障科学研究院在 13 个省份开展的调查，82.47％的劳动者在近三年内参加过职业技能培训，79.58％的劳动者在参加培训后获得相关证书，75.3％的劳动者在参加职业技能培训后认为技能得到较大提升，89％的企业开展了职业技能培训，88％的被调查企业和 58.03％的被调查培训机构在开展职业培训时享受过政府的支持或资助，劳动者、企业和培训机构对培训政策的满意度较高。

3.2 公共职业技能培训载体共建共享情况

目前我国开展技能人才培养和职业技能培训的主要载体有技工院校、职业院校、就业训练中心、民办培训机构、中外合作职业技能培训机构以及企业等。另外，近年来逐步建设发展的技能人才培养基地，包括公共实训基地、高技能人才培养基地、职业技能实训基地、产教融合实训基地等也成为开展技能培训的重要载体。《关于提升公共职业技能培训基础能力的指导意见》（发改就业〔2018〕1433 号）文件明确指出，公共职业技能培训基础平台以公共实训机构为主体，包括公共实训基地、职工职业技能实训基地、职业农民培育示范基地、创业孵化基地、高技能人才培训基地等。

3.2.1 公共职业技能培训载体类别

不同类别的载体在推进公共职业技能培训过程中各有优势和侧重点。

3.2.1.1 技工院校

技工院校是以培养中高级技能人才为主要目标，集职业学校教育和职业培训于一体的综合性职业培训基地，是职业培训工作的主体力量。从办学主体看，可以分为政府部门办技工学校、行业企业办技工学校和民办技工学校。从办学层次看，可以分为普通技工学校、高级技工学校和技师学院。截至 2022 年末，全国共有技工院校 2 551 所（见图 3-4），在校学生 445 万人，全年技工院校面向社会开展培训 616 万人次。[16]

3.2.1.2 就业训练中心

就业训练中心是主要为新生劳动力和失业人员提供就业技能培训的职业培训基地。截至 2022 年末，全国共有就业训练中心 623 所（见图 3-5）。[17]就业训练中心的培训以短期、单项技能和就业上岗为主；内容以操作技能为主，辅

(单位：所)

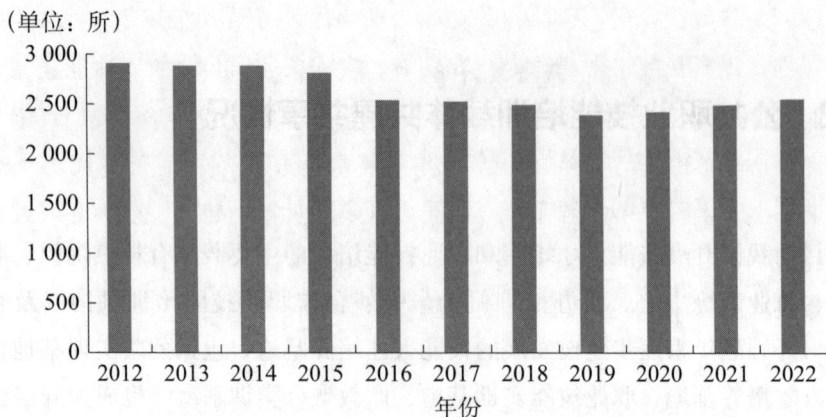

图 3 - 4　2012—2022 年技工院校数量

资料来源：2012—2022 年各年度人力资源和社会保障事业发展统计公报．

以相关的理论知识学习，属于非学制教育。2020 年后，就业训练中心数量迅速减少，其职能主要由民办培训中心承担。

(单位：所)

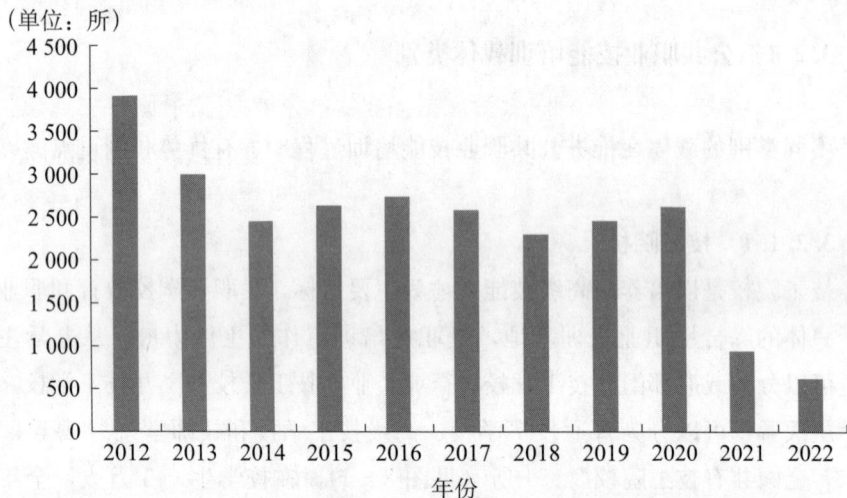

图 3 - 5　2012—2022 年就业训练中心数量

资料来源：2012—2022 年各年度人力资源和社会保障事业发展统计公报．

3.2.1.3　民办培训机构和中外合作职业技能培训机构

民办培训机构是指国家机构以外的社会组织或者个人，利用非国家财政经费，面向社会举办的学校或其他培训机构。截至 2022 年末，全国共有民办培训机构 31 765 所（见图 3 - 6）。[18] 2012—2017 年，民办培训机构数量稳定在 19 000 所左右。从 2018 年开始，民办培训机构数量不断增加，2020 年、2021 年分别增加了 3 355 所和 3 981 所。民办培训机构在开展失业人员再就业培训、农村富余劳动力转移就业培训等方面发挥了重要作用，已经成为我国职业培训体系的一支重要力量。

中外合作职业技能培训机构是外国教育培训机构同我国教育培训机构在我国境内合作举办，以我国公民为主要招生对象的职业培训机构。《中外合作办学条例》对中外合作办学机构的设立条件、组织管理、教育教学等情况做出了明确的规定。

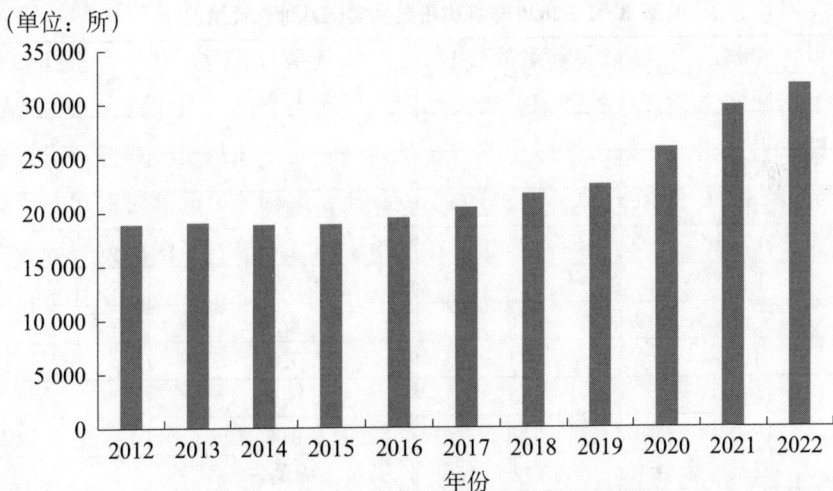

（单位：所）

图 3 - 6　2012—2022 年民办培训机构数量

资料来源：2012—2022 年各年度人力资源和社会保障事业发展统计公报．

3. 2. 1. 4　公共实训基地

公共实训基地作为职业教育培训的一种新型组织形式，在提高我国职业能力建设水平、促进人力资源向人力资本转化、实现社会就业、构建学习型社会等方面发挥了积极作用。

2006 年，中共中央办公厅、国务院办公厅印发《关于进一步加强高技能人才工作的意见》，首次提出有条件的城市建设公共实训基地的明确要求，之后全国各地公共实训基地建设发展迅速。截至本书完稿时，中央预算内投资累计支持各地建设 327 个公共实训基地。中国就业培训技术指导中心于 2017 年发布的《公共实训基地信息调查报告》显示，自 2007 年开始，各地建设公共实训基地数量以年均 47% 速度增长，截至 2016 年，全国（地市级以上）公共实训基地投入金额达 392.5 亿元，设备投资与总投资额占比约为 51%，建成公共实训基地 162 家，平均投入为 1.83 亿元/家。[19] 截至 2020 年，全国公共实训基地总数达到 222 家。其中广东、浙江、吉林、安徽、云南、北京、江苏 7 个省份基地数均超过 15 家，且广东、浙江、江苏、吉林 4 个省份每个地市均建立 1 个以上公共实训基地。根据建设级别，222 家实训基地中有 6 家为国家级、70 家为省级、146 家是地市级，所占比重分别为 2.7%、31.53% 和 65.76%（见表 3-1）。

表 3-1　2020 年各省份公共实训基地建设情况

省份	数量	省份	数量
广东	34	山西	4
浙江	33	湖南	4
吉林	25	河北	3
云南	16	贵州	3
江苏	15	上海	2
北京	15	广西	2
安徽	15	重庆	1
河南	11	天津	1
辽宁	7	陕西	1
新疆	6	山东	1
西藏	6	内蒙古	1
福建	6	江西	1
黑龙江	5	总计	222
四川	4		

资料来源：中国就业培训技术指导中心、公共实训基地信息调查报告.

上海、天津、江苏 3 个省份的 4 家已建成公共实训基地投资总额均超 10 亿元，广东、广西、重庆、内蒙古、河北、辽宁 6 个省份的 8 家公共实训基地投资总额均超 5 亿元，广州市高技能人才公共实训鉴定基地投资总额超 20 亿元，是全国投入最多的公共实训基地。

3.2.1.5　高技能人才培训基地和技能大师工作室

为适应走新型工业化道路、加快产业结构优化升级的需要，培养造就一大批高技能人才，根据《国家中长期人才发展规划纲要（2010—2020 年）》和《高技能人才队伍建设中长期规划（2010—2020 年）》的部署，人力资源和社会保障部、财政部于 2011 年联合下发《关于印发国家高技能人才振兴计划实施方案的通知》（人社部发〔2011〕109 号），提出实施高技能人才培训基地和技能大师工作室建设项目。《高技能人才队伍建设中长期规划（2010—2020 年）》提出到2020 年，全国建成 1 200 个高技能人才培训基地，1 000 个左右国家级技能大师工作室。国家级高技能人才培训基地重点围绕十大振兴产业、战略新兴产业和经济社会发展急需紧缺行业（领域）来布局，重点依托上述行业和大型骨干企业（集团）的职工培训机构（包括行业、企业举办的高级技工学校、技师学院、高等职业院校）、城市公共实训基地来建设。国家级技能大师工作室主要依托中华技能大奖获得者，部分在技能含量较高、高技能人才密集的行业和大型企业集团工作的全国技术能手，以及部分掌握传统技能、民间绝技的技能大师。

3.2.1.6　创业孵化基地和职业农民培育示范基地

创业孵化基地是指以政府为创业者搭建的制度性、智能化的服务平台为基础，经市、县人力社保部门、财政部门认定，能为入驻的初创小微企业和个体创业者提供基本的生产经营场地以及有效的创业指导服务和一定期限的政策扶持，具有持续滚动孵化和培育创业主体功能的各类创业载体。

全国新型职业农民培育示范基地是指开展实际操作训练，实施现场教学，模拟承包经营、跟踪服务、政策咨询的实训基地、农民田间学校、创业孵化基地和综合类基地等。主体建设单位包括农广校、农业科研院所、涉农院校、农技推广机构、农业企业、农民合作社或经营主体等，是高素质农民（新型职业农民）教育培训、实习实训和创业孵化的服务平台。示范基地应做好高素质农民（新型职业农民）培育相关工作，包括：根据培育计划要求，制定实训方案；根据培育计划要求，组织模拟技能培训；对承担高素质农民（新型职业农民）培育实习、实训、服务的师资进行培训；高素质农民（新型职业农民）给新型职业农民提供创业指导、政策咨询和跟踪服务等。

2017 年 5 月 9 日，农业部按照《关于做好新型职业农民培育基地遴选工作的通知》（农科（教育）函〔2016〕第 455 号）要求，组织对各省推荐的新型职业农民培育示范基地进行了审查、遴选，遴选出了首批 100 个基地。2018 年 11

月 8 日，农业农村部公布了第二批 100 个全国新型职业农民培育示范基地。

3.2.1.7 产教融合实训基地

《国务院关于印发国家职业教育改革实施方案的通知》（国发〔2019〕4号）提出，到 2022 年，推动建设 300 个具有辐射引领作用的高水平专业化产教融合实训基地。《关于印发国家产教融合建设试点实施方案的通知》（发改社会〔2019〕1558 号）提出，产教融合试点城市要按照统筹布局规划、校企共建共享原则建设一批具有辐射引领作用的高水平、专业化产教融合实训基地。产教融合实训基地要更多依托企业建设，优先满足现代农业、先进制造业、战略性新兴产业以及家政、养老、健康、旅游、托育等社会服务产业人才需求。

3.2.2 公共职业技能培训载体建设方式——以公共职业技能培训基础平台为例

公共职业技能培训基础平台是培养技能人才的重要基础，目前我国公共实训基地、职业技能实训基地、高技能人才培训基地以及创业孵化基地的建设主体主要是政府、院校和企业、行业。职业农民培育示范基地的建设主体包括农广校、农业科研院所、涉农院校、农技推广机构、农业企业、农民合作社或经营主体等。产教融合实训基地的建设主体主要是院校和企业。根据建设主体和属性，编者将公共职业技能培训基础平台的建设方式分为三种类型：政府直接投资；依托院校（如职业院校、技工院校等）；依托企业、行业、科研院所、社会组织等。

第一，政府独立投资建设模式。政府独立投资建设模式主要是指由政府主导建设、单独出资、独立运行的公益性公共性职业技能培训机构，面向社会开展公益性实训和技能鉴定，体现了政府的主导和引导作用。政府通过对区域经济发展、产业布局、企业用工情况，以及当地高技能人才资源供求和培训需求信息等进行调研分析，按照发展需求设置相关岗位（工种）实训项目，进而实现政府公共资源的合理配置和公共服务的科学改进，引导培育高技能人才培训市场，调整高技能人才发展规划，构建完善的高技能人才公共服务平台。政府独立投资建设模式的主要优势是独立运作，不受共建相关方的影响，真正体现了公益性，上海、深圳公共实训基地目前属于此种模式。经费来源主要是由政府财政核拨支付，使用单位（个人、企业、院校、行业协会、培训机构等）只需要分担部分的耗材费用，基地运作经费较大，要有资金的持续投入。可见，独立建设的实训基地虽然可以更好地实现资源共享，但建设周期长、投资数额大，要列入专项计划难度较大。因此，需要不断思考新模式，探索政策的灵活性，进一步思考成本分担及利益共享的问题，培养公共实训基地的造血功能。

第二，依托院校、企业优势互补模式。依托院校、企业优势互补模式主要是指依托技工学校、职业院校或企业创建公共职业技能培训机构，既可以体现院校、企业的专业特色，又能充分发挥院校、企业的师资、设备、场地优势，缩短机构的建设工期。培训机构通过政府、学校或企业共建共管的模式，加快了建设进度，提高了资源的利用效率，节约了运作成本。但同时也由于先天原因，受院校和企业本位利益的影响，在运行过程中如何把握公共性、开放性成为培训机构必须面临的严峻问题。这种模式可以在一定程度上减少政府的财政压力，提高设备设施利用率，实现理论教育与技能实训的有机结合，也是培训机构持续、健康发展的一种探索。但是培训机构的属性问题存在一定争议，培训机构与院校或企业的产权关系难以明晰，作为利益方之一的院校或企业能否体现政府公共服务的公益性、公平性，是值得思考的问题。要尽可能避免公共资金最后被个别院校或企业无偿占有的情况。

另外，部分依托院校的培训机构远离市区，或者受到训练设备不够高端的局限，职业院校的学生参与程度较高，而企业开展培训或实训的积极性并不高，不能满足企业高技能人才发展的需求，无法履行设立公共培训机构的职责，即为不同的主体如企业、行业协会、技术工人等提供公共服务。若在此基础上完善功能，则需要加大培训机构的建设力度，如配套食宿、训练厂房等相关设施，以解决路途遥远、实训项目周期长等难题，而这又会造成运行成本加大、设备闲置的可能性变大等问题。

第三，政府补贴社会化建设模式。政府补贴社会化建设模式主要是指经过政府认定，确定现有院校或企业为公共培训机构，政府给予一定资助。浙江宁波、广东东莞、福建厦门等地积极推进区域性和中心城市公共实训基地建设。一般由当地政府、人力资源和社会保障部门组织评估考察、答辩、专家评审、公示等，经评估和审核后初步确定。确定后的实训基地可以按照省人社厅、省财政厅扩大失业保险基金支出范围的试点方案享受补贴，探索搭建技能人才培养载体，创新人才培养模式。这类建设模式除了需要把握第二种模式存在的公共性、开放性问题，还存在训练任务改造问题，需进一步考虑人才培训的实际需求，培养实用型人才。同时，如何平衡培训机构（院校或企业）及其他场地使用者的利益需求，更好地体现公益性原则需要进一步探索。该模式也存在能否履行公共培训机构的职责及公益性和开放性等问题。

无论是哪种建设方式，在当地高技能人才探索和培养上均起到了显著作用。不同建设方式的培训机构各有优劣，具体的运行管理存在一定差异，但在服务功能上大致相同。各地公共培训机构还需要相互借鉴，取长补短，探索公共职业技能培训机构的长远发展模式。

3.3 公共职业技能培训资源共建共享情况

公共职业技能培训共建共享的主体包括人社、发改、教育、财政、农业农村、退役军人、妇联、残联、工会、共青团等相关部门，行业企业、产业园区、职业院校、培训机构、行业协会等相关机构，以及有培训需求和培训意愿的劳动者等。随着数字技术不断发展，公共职业技能培训资源共建共享机制不断健全。本节就数字化培训资源建设、职业标准和评价信息共享，以及信息化培训平台建设进行简要介绍。

3.3.1 数字化培训资源建设

在数字化培训资源建设方面，比较有代表性的是数字化培训教学资源共享平台，该平台由中国就业培训技术指导中心在世界银行贷款"农民工培训与就业"项目的支持下开展。目标是聚焦职业技能培训领域，制定数字化资源应用和共享标准，开发基于互联网的开放式数字化培训教学资源共享平台，组建职业培训数字化资源共享联盟，形成职业培训资源公共服务体系，服务于职业教育与技能培训。数字化培训教学资源共享平台于 2014 年正式结项，现已陆续在多所职业院校开展试点。[20]

如图 3-7 所示，该平台分为四层：最底层是标准协议层。该层为共享联盟的运行制定了基本的准则，包含课程开发、资源集成、系统建设、信息服务、运维管理五大类标准和规范。第二层是资源层。该层包含共享联盟所有的共享资源，分为核心资源和扩展资源两大类。核心资源是由资源共享联盟主导开发的系列资源，首批资源为世界银行贷款"农民工培训与就业"项目所开发，覆盖 11 个专业的公共资源包，包括 45 个课程包和 23 个素材包。扩展资源是各培训院校和培训机构自主开发的符合资源共享联盟标准的各类资源。第三层是平台层。该层包含教学和运维两个部分。教学部分提供资源管理、课程管理、教研教辅、线上学习、练习考试等与远程教学相关的功能，运维部分提供联盟成员管理、共享管理、计费支付、产权保护、节点数据同步等功能。第四层是服务层。该层面向教师和学员提供远程教学服务，面向社会大众提供资源信息服务，面向共享联盟成员单位提供运维和管理服务。该模式的目标是建立总体规划、课程开发、资源整合、审核评价、持续服务、合理调配、持续更新的数字化资源共享良性循环。[21]

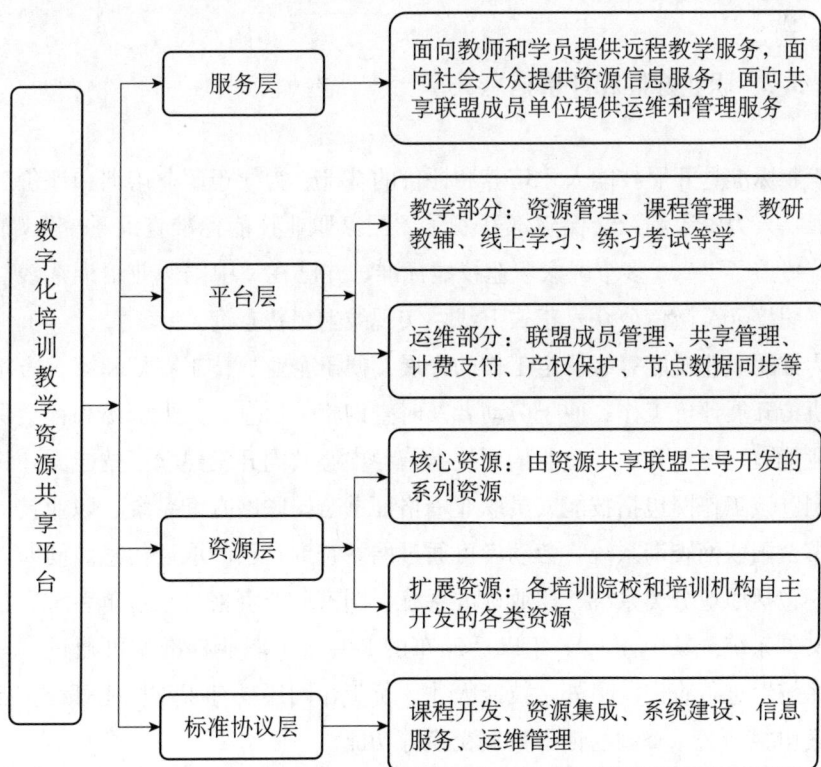

图 3-7　数字化培训教学资源共享平台

　　另外，中国人力资源和社会保障出版集团充分发挥课程内容方面优势，建设了"中国职业培训在线"平台，大力开发标准化、体系化、规范化的职业培训数字资源。该平台创建的目的是为企业、培训机构和院校服务，为广大劳动者搭建一个在家也能学技能的职业培训云课堂。截至 2021 年 3 月，"中国职业培训在线"平台可提供的课程资源已达 15 大类 100 余个职业。平台在数字资源开发方面，有效实现了"一个贯通、两个规范"。"一个贯通"即贯通国家职业技能标准要求、职业培训包课程方案要求、线上培训计划大纲要求，确保数字资源与国家职业培训要求的匹配，从而树立职业培训数字资源行业标准。"两个规范"即规范线上培训课程的课时和规范线上培训内容，确保数字资源有效对接各地政府补贴培训要求，形成职业等级清晰、体系规范、内容丰富的职业培训数字资源体系。同时，"中国职业培训在线"平台将移动互联技术与职业技能培训在线学习、培训管理、政府监管全流程紧密结合，确保学习过程可追溯、培训活动可监管。

3.3.2　职业标准和评价信息共享

　　职业标准是开展技能人才培养和评价的基础。为便于职业培训和评价工作的开展，人力资源和社会保障部开发了"国家职业技能标准查询系统"，该查询系统覆盖了 1 200 多个国家职业技能标准，并已在"中国职业培训在线"平台和"职培云"微信公众号正式上线，实现线上免费查询。

　　为推动职业技能等级认定工作的开展，便于企业、技工院校和第三方培训评价机构开展评价工作，便于劳动者及时查询相关信息，人力资源和社会保障部职业能力建设司和中国就业培训技术指导中心共同开发建立了技能人才评价工作网。该工作网包括技能人员职业资格证书全国联网查询系统、职业技能等级证书全国联网查询系统，劳动者可通过网站查询自己的取证信息。同时，该网站还包括职业分类系统、职业标准系统、国家职业资格目录清单系统、相关政策文件系统。其中，2018 年以后颁布的 270 多个职业标准均可通过"职业标准系统"进行查询。另外，技能人才评价工作网还具有职业技能等级认定机构备案申报、公示查询、证书数据交换等功能。

3.3.3　信息化培训平台建设

我国公共职业技能培训平台在信息化建设方面起步比较晚，目前的工作主要集中在就业培训信息衔接、远程培训平台建设等方面。在就业培训信息衔接方面，国家层面主要有中国就业网、中国公共招聘网等，公布人力资源市场供求信息以及相关就业创业和培训政策。另外，目前正在探索利用"金保工程"二期建设职业培训实名制管理系统。地方层面，不少省（自治区、直辖市）建立了职业培训补贴管理信息系统。在远程平台方面主要有国家开放大学、中国国家人事人才培训网、国家继续教育公共服务平台、国家职业技能提升培训服务平台、中国职业培训在线、技工教育网、中国国家培训网等。

国家职业技能提升培训服务平台是在国家职业技能提升行动领导小组办公室和中国就业培训技术指导中心的指导下，由人力资源和社会保障部事业单位人事服务中心和中国国家人事人才培训网开发的，主要目的是大规模推动开展"互联网＋职业培训"，助力加快培养大批高素质劳动者和技术技能人才。[22] 平台涵盖培训课程、培训机构、政策资讯等内容，同时开展优秀课程、优秀师资的征集和相关职业技能培训数据的填报。培训课程方面包括新产业发展类培训、高危特种作业类培训、综合性培训、企业培训、创业指导培训、新职业新技能培训、虚拟仿真展示等。优秀课程和师资是面向企业、技工院校、职业培训机构等资源力量，征集优质的职业技能在线课程资源和优秀师资，推动提供专业化、高质量、规范化的职业技能网络培训服务。

技工教育网由中国人力资源和社会保障出版集团主办，秉承"开放、共建、共享"的理念，基于云服务、移动互联网、数字化等现代信息技术，构建集院校管理、校企合作、知识服务、信息交汇于一体的知识应用服务平台。平台包括教学资源、在线学习、师资研修、院校宣传、教研和教材、技能大赛等模块。教学资源模块包括教材配套资源库、一体化课改资源库、特色专业资源库、优质资源征集库、考试题库、互动教学平台。在线学习模块包括微课程、直播课、在线学习平台。师资研修模块包括管理人员研修、专任教师研修、课程中心和研修定制。院校宣传模块包括政策文件和招生宣传。教研和教材模块包括一体化课改、通用职业素质、世赛成果转化和教材选用。技能大赛模块包括教师职业能力大赛和学生创业创新大赛。

3.4 公共职业技能培训共建共享存在的困难和突出问题

为深入了解各省（自治区、直辖市）公共职业技能培训共建共享情况，本书编者赴江西、广东等省开展了专题调研，并全面分析了党的十八大后中央部委及北京、天津、江苏、浙江等省市制定的关于公共职业技能培训的政策措施。近年来，公共职业技能培训的政策已逐步在倡导共建共享的理念，推动培训资源的整合和多元共建机制的形成。但同时在资源优势互补共建共享方面也存在一些问题。

3.4.1 公共职业技能培训机构建设缺乏统一整体规划，政策间协调不足，"各自为政"现象突出

建设公共职业技能培训机构最大的优势是可以实现最大限度的资源共享，因此统一规划、合理布局也应是建设公共职业技能培训机构的总体要求。但在实践中，政府部门条块分割和调控作用发挥不够充分等问题，导致重复建设现象的存在，人社部门在建，教育部门在建，农业部门也在建。尽管《关于推动公共实训基地共建共享的指导意见》（发改就业〔2020〕1951号）提出了公共实训基地项目布局的指导性意见，但在实际操作过程中并没有硬性条件要求，各地、各部门出于"自己所有、便于使用"的原则，都有建设独立实训基地的内在驱动，易造成资源浪费。因此，如何打破部门的界限，在一个区域对公共实训基地进行整体规划，还有待进一步深化研究。此外，现有的部分职业技能公共实训基地建在比较偏远的地方，离市区、企业和院校都比较远。无论是企业组织在岗职工、院校组织学生还是劳动者个人参加实训，交通成本都很高，而且实训基地周边的商业配套不完善。这些都使得实训基地的使用效率不高。

公共职业技能培训基础平台的建设和发展缺乏规范化的制度安排。在建设流程方面，目前国内的公共职业技能培训基础平台的建设主要集中在硬件建设

方面，如前期的工程建设和设备购买等，但对打造师资队伍等后期软件建设投入不足。各级财政的资金投入主要集中在设备购买方面，对培训师资培养、教材课程开发方面的投入还不够。这也使得部分机构空有先进的设备，却缺乏懂设备、会操作的实训教师，大量的实训设备闲置。

3.4.2　公共培训机构建设主要依赖政府投入，市场化不足

公共职业技能培训基础平台的建立，是近年来政府解决技能人才长期短缺的选择，目的是解决技能人才培养市场失灵问题。但技能人才培养是全社会的共同任务，政府的职能是引导和推动，并不是大包大揽。企业作为用工主体，必须在育人环节发挥重要作用。同时，院校在育人方面也具有丰富的资源和优势。目前，公共职业技能培训基础平台的建设，特别是公共实训基地的建设，基本是依靠政府投资。出现这种局面的原因一方面来自政策本身的激励性不足，另一方面来自配套保障措施不足，比如从企业的角度出发，其花费大量精力带出的学徒很可能在"出师"时就直接跳槽，抬高了企业培养成本。

以中国天津职业技能公共实训中心、深圳高技能人才公共实训基地、中国（上海）创业者公共实训基地为例，这些基地全是政府单独投资建设，资金主要来源于失业保险基金投入和政府补贴培训资金，三个公共实训基地分别耗资2.8 亿元、1.74 亿元和 10 亿元。东部沿海城市经济比较发达，还能承担如此巨额的投资；对于内陆城市来说，单纯依靠政府投资建设非常困难。因此，如何整合现有资源、调动社会各方力量是公共职业技能培训机构建设中必须考虑的问题。

3.4.3　高度契合的产训结合对接机制尚未有效建立，政策激励不足

2014 年 6 月，教育部等六部门颁布了《现代职业教育体系建设规划（2014—2020 年）》，其后数年间大量政策文件均重点鼓励职业院校与行业龙头和重点企业进行合作。然而，企业承担的培训成本，包括资金等显性成本以及师资和人员安排等隐形成本，往往会因员工离职而"打水漂"。因此，2021 年人社部、财政部《关于充分发挥职业技能提升行动专账资金效能 扎实推进职

业技能行动的通知》（人社部函〔2021〕14 号）中，提出了要创新开展"行校合作"。由雇主协会或行业协会与职业院校合作，提供专精于某个行业的职业技能培训，再由企业进行专门的技能培训。2021 年，四部委《"十四五"职业技能培训规划》提出推进产训结合。但是在实施操作中仍存在不充分、不协调、不平衡等问题。一是产训规划之间不契合。主管产业和培训的部门，基本上按照各自的工作职责编制规划、制定年度计划，相互之间不搭界、不融通，在一定程度上制约了产与教、校与企、育与训的合作与协同。二是产训之间缺乏信息沟通的平台，根据产业办培训、围绕产业建项目的机制没有形成。企业用工、培训需求、技术研发、产品供给等信息，人社部门难以掌握；培训项目设置、课程安排、教师能力、培训能力，企业也无从得知。产训双方有很多需要契合的地方，由于缺乏沟通平台，成为信息孤岛。三是产业发展需求与职业培训供给不同步。企业不断创新引进开发新技术，产品生产具有前瞻性、创新性、多变性，而职业标准、培训项目课程的开发具有相对滞后性、固定性、周期性，二者不能产生同频共振。

本书编者的调查显示，尽管只有 14% 的被调查企业未与学校开展过合作，但多数开展合作的企业合作形式也仅限于单向外送和接受员工进行无偿培训和有偿培训，共同出资举办培训的很少，仅占 5%。政策明确鼓励的校企共建混合所有制实训基地、产业学院等，因涉及土地、设备等产权界定问题在实践中很难操作。同时，国有企业举办职业教育培训面临困境。国有企业是技能人才培养的重要阵地，但在 20 世纪 90 年代国企改革中，财务制度中办学成本账目被撤销，办学成本无法通过列入生产成本的方式进行税前扣除，必须从现有盈余中支出，大大削弱了国企培养人才的积极性。

3.4.4 培训机构在项目开展上具有明显的倾向性，项目开展与产业技能需求脱节

2020 年，本书编者在全国 13 个省份针对超千家培训机构（包括民办培训机构、技工院校、就业训练中心、公共实训基地、其他五类）的调查问卷显示，不管对于哪一类型的机构来说，育婴员、焊工和电工这三种职业的培训人数都较多，出现该现象可能是因为这三种职业的培训周期短、市场需求大、培

训成本低、参加培训的人更容易获得技能等。同时，在重庆公共实训基地的调研发现，地方在公共实训基地上开展的技能培训，基本上以能盈利、时间短、好组织、容易获得资格证书为前提；面向第二产业制造业的培训较少，主要是保姆、育婴、烘焙等第三产业服务业培训。以高级工技能培训为例，培训时间为 20 天，培训成本为 4 000 元，培训补贴为 3 000 元，培训通过率不超过 80%，由于时间长、成本高、占地大、师资费用多、危险系数高、培训后的通过率低，基本上没有公共实训基地愿意开展技工类的培训。而这一现象在民办培训机构中更为普遍，由于涉及资金、场地、师资等问题，民办培训机构更没有动力也没有实力进行大规模投资，开办第二产业类培训。

3.4.5　公共培训机构软实力不足，缺乏引导激励

从软实力建设来看，我国职业技能师资培养、教材课程开发方面的投入还不够，这导致教育教学、技能培训与技术研发、生产经营等不同步。仅就师资来说，目前公共职业技能培训机构实训教师数量偏少、年轻教师数量偏多、"双师型"教师比例偏低，并不能满足开放性公共实训基地宽口径、高水平、精技能、严管理的人才队伍要求。师资队伍培养体系不完善，集中表现在三个方面：一是师资共享度不够，多数公共实训基地远离市区，导致校内教师客观上不愿去基地任教；二是人才引进力度不够，公共职业技能培训机构多为事业单位，人才引进有学历要求，但具备企业丰富经验的技术骨干往往学历偏低，难以符合入编条件；三是留不住能工巧匠型人才。

3.4.6　缺乏对公共培训机构运行与共享机制科学、合理的评价体系

开放性公共实训基地本身是一项复杂、庞大的系统性工程，只有实现参与各方共享、共赢的目标，才能确保其开放性。目前，无论是政府独立投资建设的公共职业技能培训机构，还是依托院校和企业等建设的公共职业技能培训机构，均缺乏科学、合理的评价体系。

对于政府独立投资建设的公共职业技能培训机构，除了在建设时期对建设情况、资金使用进度等进行监督检查外，并没有建立完善的机构运行情况的监

督评价制度。但财政资金的使用效果、机构运行对技能人才培养的作用、专业课程设置与技能人才缺口的契合程度等对评价机构运行的好坏起到非常重要的作用。建立健全的监督评估制度，一方面可以全面掌握公共职业技能培训机构的运行情况，及时对存在的问题进行调整改善，促进机构良性发展；另一方面可以为其他公共职业技能培训机构的建设、发展提供参考，促进区域内公共职业技能培训机构的合理布局。

对于依托院校、企业、科研机构等建设的公共职业技能培训机构，由于主体多元，要实现多方共享、共赢的目标并非易事，因而科学、合理的运行与共享机制至关重要。首先，政府、行业、企业、学校等参与各方的目标并不完全一致，要想在确保公益性的前提下实现多方目标，依赖于使用科学的运行与共享机制来统一各方的行为，努力实现共同目标。其次，公共职业培训机构具有社会培训、生产经营、技术研发、创新创业等多个功能，需要科学的运行与共享机制来统筹、协同。但目前在运行和共享机制方面存在不少问题：第一，考核、激励与约束机制不完善。比如对教师承担研发工作没有给予必要的支持奖励。第二，缺失必要的补偿机制。例如，对于企业参与培养创新创业学生，应予以一定的经费补偿。第三，缺少有效的监督机制，需要建立一个有效的资金运转与使用监管体系。

3.4.7 信息化建设滞后，缺乏对产权的保护和利益分享机制，制约了优势资源的共享

中央和地方都建立了就业信息发布平台，但是职业培训信息的发布平台相对较少，而且二者并没有实现有机的衔接，这导致就业培训信息衔接不够。某区域有多少培训机构、提供什么样的培训项目和课程、培训师资和培训设备情况等，公众鲜少能获知。在数字化培训资源建设方面，由于缺乏有效的知识产权保护手段和合理的利益分享机制，一旦出现知识产权侵权现象，开发者损失巨大，维权十分困难，这严重制约了数字化资源共享的发展。另外，也尚未形成资源开发、共享、服务、评价和改进的良性循环。获取和发布培训资源只是资源共享的第一步，后续的迭代开发和持续服务是推动资源共享持续发展的重要保障。目前，多数政府投资的数字化资源开发项目往往是一次性投入，验收

之后只有简单的技术维护，忽视了学习资源持续发展和进化的能力。

3.4.8　区域协同发展的配套政策不足，仍呈现碎片化、零散化、无序化，难以形成区域层面共享

在服务国家重大区域发展战略和服务周边方面，公共职业技能培训的发展还有很大潜力。目前公共职业技能培训补贴政策对补贴对象的限制多以户籍地或在工作地交社保为准，尚未实现补贴资金"随个人"走。新加坡的个人账户，政府给每一位公民一定的培训资金额度，无论在哪想学什么，只要符合规定都可以使用账户资金。天津滨海新区先进制造职业技能公共实训中心提出面向京津冀地区相关院校师生和企业职工开展职业技能培训，服务京津冀协同发展重大国家战略，但并未出台实施细则。在现有政策制度安排下，培训补贴资金使用上恐怕面临障碍。同样，粤港澳大湾区的职业技能培训合作也是停留在提供培训服务、评价服务和联合举办技能大赛上，并没有形成标准、教材、课程、补贴、师资、评价等方面的统一。

第 4 篇

公共实训基地建设典型案例分析

党的十八大以来，各地高度重视技能人才培养，持续推动重点群体和困难群体就业，大力支持公共实训基地建设。为深入了解中央预算内投资建设的公共实训基地建设和运营情况，国家发展改革委就业收入分配和消费司面向全国 24 个省（自治区、直辖市）共 101 个地级市和区县开展调查。本篇主要介绍各地公共实训基地建设运营的相关做法，并针对存在的问题和困难提出相应的意见和建议。

4.1 各市县公共实训基地典型做法介绍

本节从基地管理制度、运营体制机制、产训结合、数字平台和数字资源建设、多元化师资培养和特色服务六个方面对部分省份公共实训基地建设情况进行简要介绍。

4.1.1 健全公共实训基地管理制度

公共实训基地的建设和发展必须有一个制度化的安排，如机构建设的需求和可行性分析、机构设置的标准、建设的程序、建设的评估制度、经费渠道、财务管理制度、经营管理制度、监督评价制度等，以保证机构健康有序、可持续发展。如北方地区 S 省先后制定了《S 省职业技能公共实训基地实训运行管理细则》《S 省职业技能公共实训基地网培学院运营管理办法（试行）》《S 省职业技能公共实训基地安全防护管理规定》《S 省职业技能公共实训基地公共实训资源使用管理办法（暂行）》等一系列相关制度，用于保障基地实训培训、技能鉴定等工作的顺利推进（见附录 3）。

附录 3 中的条例对基地下辖的网培学院和生产实训基地的原则、性质、运营主体、业务范围、准入对象、工作流程等信息均做了详细规定。原则要求使用实训基地的业务主体需提交准入申请，准备主体信息表（包括企业、院校、社会技能培训单位或社会团体的联系人联系方式、单位地址、单位证件号（营业执照、资质证书等）），以及培训方案书、授课计划书、师资学员表、绩效考核表、使用承诺书等材料，在申请被批准后需签署协议书。培训场地的使用实行预约制，结束培训后签署离场协议。其运行流程如图 4-1 所示。

附录 3 中的条例还对实训过程中的师生安全措施、设备和场地维护措施、培训过程管理等方面做出规定，以保障人员安全，降低设备和场地损耗。

4.1.2　完善实训基地建设运营体制机制

制度规范的有效运行离不开完善的运营体制机制。"十四五"乃至未来较长一段时期，公共实训基地应成为技能人才成长的重要平台和技能型社会建设的重要依托。目前公共实训基地的运营机制大致可分为三类：政府主导＋企业运营、政府统筹＋学校运营、政府相关机构管理运营。

4.1.2.1　政府主导＋企业运营

华北地区 Y 市职业技能公共实训中心采取"政府主导＋市场参与"的管理运营模式，以职业技能公共实训中心作为管理主体，委托第三方机构市场化运营，各类培训学校、院校、企培中心等在第三方机构主导下共同参与培训活动，充分发挥实训中心的功能作用和社会价值。截至本书完稿时，该第三方机构团队人员共有 26 人，其中师资队伍 14 人，管理、市场运营及培训教学辅助

```
┌─────────────────────────────┐
│      实训单位提交准入申请       │
└─────────────────────────────┘
              ↓
┌─────────────────────────────┐
│            签约              │
└─────────────────────────────┘
              ↓
┌─────────────────────────────┐
│      实训单位提交预约申请       │
└─────────────────────────────┘
              ↓
┌─────────────────────────────┐
│            排课              │
└─────────────────────────────┘
              ↓
     否   ╱─────────────╲
    ◁────◁   是否成功排课？  ╲
          ╲─────────────╱
                是 ↓
┌─────────────────────────────┐
│         排课信息反馈          │
└─────────────────────────────┘
              ↓
┌─────────────────────────────┐
│      办理进入实训基地手续       │
└─────────────────────────────┘
              ↓
┌─────────────────────────────┐
│          安全教育            │
└─────────────────────────────┘
              ↓
┌─────────────────────────────┐
│        实训室进场交接         │
└─────────────────────────────┘
              ↓
┌─────────────────────────────┐
│         组织学员实训          │
└─────────────────────────────┘
              ↓
┌─────────────────────────────┐
│        实训室离场交接         │
└─────────────────────────────┘
              ↓
┌─────────────────────────────┐
│      办理离开实训基地手续       │
└─────────────────────────────┘
              ↓
┌─────────────────────────────┐
│          实训结束            │
└─────────────────────────────┘
```

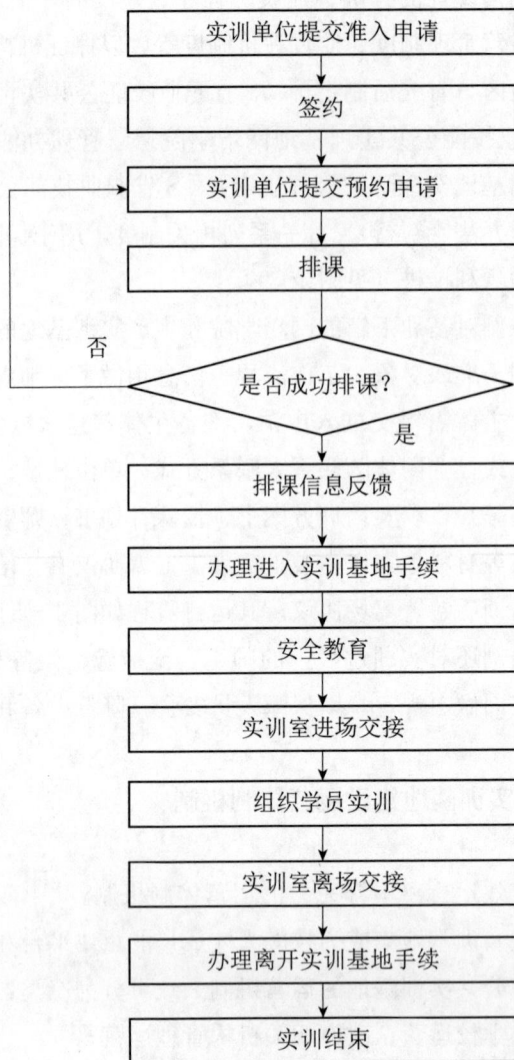

图 4-1 S 省职业技能公共实训基地实训运行流程

人员 12 人。该实训中心的组织结构图如图 4-2 所示。

企业运营带来更贴近市场化的组织方式，能更及时有效地对劳动力市场需求做出反应，使企业用人需求在第一时间转化为培训需求，进而有针对性地设置培训课程、安排培训时间，推动技能人才培养。

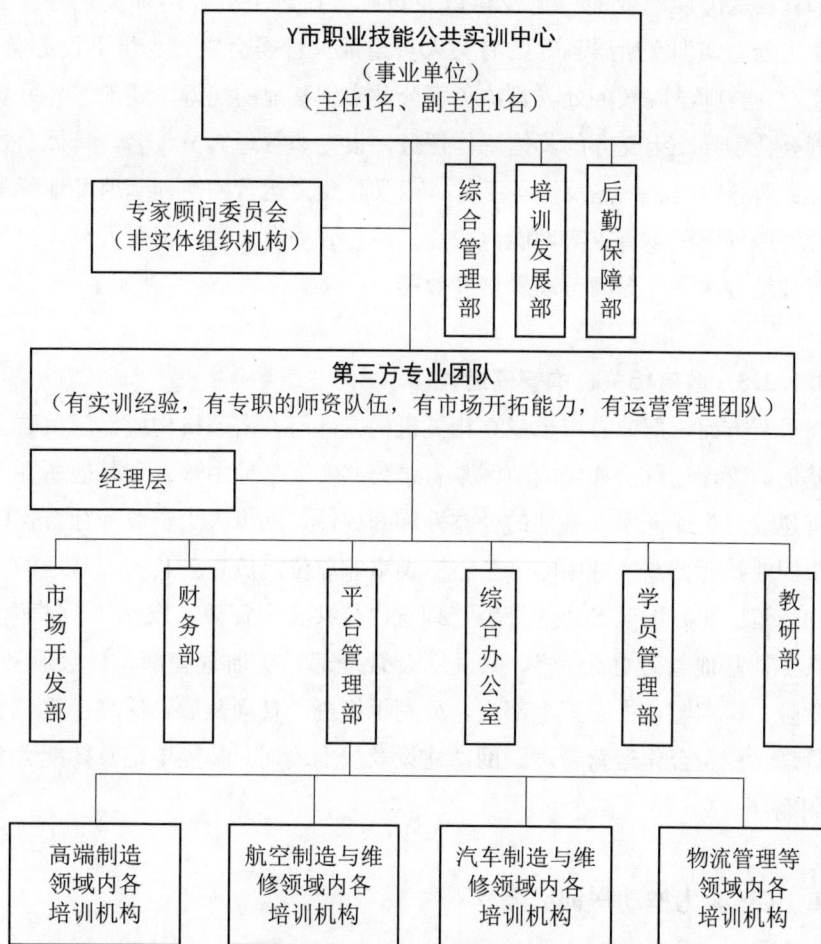

图 4 - 2　Y 市职业技能公共实训中心组织架构

4.1.2.2　政府统筹十学校运营

西南地区 X 市为充分发挥基地资源优质、高效、健康、可持续运行的优势，体现公共实训基地的公共性、公益性、综合性和示范性，由 X 市人力资源和社会保障局牵头，技师学院配合，成立了市公共实训基地运行管理委员会（以下简称管委会）具体负责公共实训基地实训运行管理工作，其组织结构为：组长由市人力资源和社会保障局分管职业技能培训工作的副局长、技师学院校长共同担任；副组长由技师学院分管教学和后勤的副校长担任；成员由市人力资源和社会保障局职业能力建设科以及技师学院教务处、培训鉴定处、后勤处、学生处、实训室所属系等的有关人员组成。管委会领导小组下设办公室，办公室设在技师学院教务处，具体负责公共实训基地的统筹协调工作，并负责落实管委会领导小组交办的具体工作任务。设专职管理人员 1 名，具体负责日常管理、资料收集、信息反馈等工作。由学校负责运营的实训基地场地优势明显，师资课程资源丰富，实训能力较强。通过管委会协调，引企入校，也可以增强产训结合水平，提高劳动者培养效能。

4.1.2.3　政府相关机构管理运营

在运营方面，部分省市也成立相关机构或部门，由该机构或部门负责公共实训基地的管理运营。如华南地区某省级公共实训基地由该省和基地所在市共同投资建设。为保证实训基地的公益性和开放性，该市人力资源和社会保障局成立市职业技能公共实训中心（公益一类事业单位）负责公共实训基地的日常管理和运营。北方地区 S 省为统筹管理省内公共实训资源，成立"S 省职业技能公共实训基地管理办公室"，下设综合管理部、实训管理部、社会服务部、网培学院、培训鉴定中心五个部门，分别承担资产管理及后勤保障、实验实训教学管理、校企合作运营管理、网站建设及线上培训、技能鉴定及技能大赛组织等职能。

4.1.3　大力推动产训结合

职业技能培训质量不高，人才培养与市场需求脱节是长期困扰培训工作开展的难点问题。公共实训基地的建设初衷就是立足促进区域经济发展，服务产业发展需求和企业生产需要，以产带训，以训促产，提高人才培养效能，推动经济高质量发展。《"十四五"职业技能培训规划》也明确提出，开展产训结合建设试点行动，优化公共职业技能培训资源供给，促进产业链和职业技能培训链有效衔接。

4.1.3.1　以产带训，提高人才培养效能

华南地区某公共实训基地紧跟当地"5＋5"产业发展需求，构建了一体

化的教学环境，重点服务当地汽车、机械、冶金等支柱产业和建筑、康养等市场需求大、从业人员多的产业，为企业、职业（技工）院校、社会团体提供职业技能公共实训服务，推动产教融合，推进培训链和产业链对接。基地与上汽通用五菱、广西汽车集团、柳工机械股份有限公司等企业以及当地职业技术学院、技师学院、高级技工学校等院校深度合作，以产代训，提高技能人才培养质量。一方面，"零距离"引用实训设施设备。基地召集经验丰富的专家按照企业典型工作任务，形成设备选型建设方案。如在 PLC 实训室配备 8 台西门子 1200PLC 技能工作岛，在国内外处于领先水平，涵盖了企业应用需求最常用的三种系统，可实现"触摸屏画面制作与组态""智能存储任务模型的编程调试"等典型工作任务实训。另一方面，对接企业生产实际，坚持营造真实实训环境，在环境上与企业氛围贴近、工艺上与生产流程契合、设备（工具）上与生产实际融合。基地按 1∶1 比例在汽车制造实训中心建设了汽车总装培训线、汽车涂装培训线、汽车焊接培训线，对应汽车生产四大工艺中的"总装""涂装""车身焊接"三大工艺。同时，基地对照企业生产线，选取职业院校在教学过程中缺少的中高端设备入驻，广泛听取企业专家、合作单位的意见，研究制定人才培养方案和课程设置方案、课程标准，积极开发合作课程和编写合作教材，通过对学生的共同培养，实现学员零距离上岗。

4.1.3.2　以训促产，推动地区经济高质量发展

华南地区某公共实训基地联合当地 12 家企业，共同培养 1 232 名学徒，其中高级工 130 多人，涵盖铝电解工、碳极生产工、铝及铝合金熔铸工等铝行业特有职业工种，为推动地方经济建设，特别是铝行业的高技能人才队伍建设发展提供了重要支撑。

北方地区某公共实训基地针对区域行业企业智能技术创新升级的需求，加强与相关高校和企业的合作，以训促产，助推经济高质量发展。一是加强与相关高校合作，联合建设"华中数控产教协同创新中心""华中科技大学国家数控系统工程技术研究中心××分中心"，合作开展企业和社会人员技术培训及职业等级证书资格认定等服务，为当地动车、钢铁、港口等区域内行业企业提供新技术研发服务，促进智能制造创新成果与核心技术产业化。二是与相关龙

头企业携手，围绕智能制造关键核心技术，以人工智能高端技术为支撑，共建集教学、实训、培训、鉴定、科研、大赛多功能于一体的智能制造实训中心，支撑区域制造企业高端智能化转型升级；引入工业数据采集、无线通信、5G、工厂能耗智能管理等技术，建设工业互联网实训中心，服务该地区工业互联网高素质技术技能人才培养；同时，对接数字化设计与制造生产流程，创建了从"三维数据采集"到"逆向设计"再到"3D打印"的工业产品数字化设计与创新实训中心。

4.1.4　加强数字平台和数字资源建设

近年来，随着信息化和数字化的快速发展，职业技能培训的数字化建设也蓬勃发展。中部地区某公共实训基地紧密依托该市智慧就业信息服务系统，将培训机构名单、专业设置、师资力量、教学计划在网上全公开，劳动者自由选择并可网上自助报名，指静脉识别学员身份，培训教学远程监控，培训视频随时调取，极大地提高了培训管理服务效率。

在数字资源建设方面，北方地区某公共实训基地下设网培学院，学院分为五大模块，包括云计算数据中心、轨道交通3D多媒体虚拟仿真实作系统、云桌面机房、在线多维学习平台及职业培训包系统、录播/直播系统。作为统一完备的综合技术集成体系，网培学院实训基地能提供一体化的数据存储共享、应用集成和统一展现能力。依托虚拟现实、增强现实等技术，结合生产现场实况设计研发培训资源，能够最大限度地还原现场，为学员提供有效的现场操作虚拟演练，保证实作训练紧密结合工作现场情况；根据教学内容，通过拖拽方式就能方便地组成多媒体教学课件，仿真现实场景，实现学员与现场无缝对接，极大地提高了培训便利度和可及性。

中部地区某公共实训基地进行校企深度合作，开展"焊接VR"研究，并运用到实训过程中，强化学员实践能力。西部地区某公共实训基地实施"互联网＋教育"，在相关合作企业建立机电技术、中餐烹饪等9个工种的情景教学点，通过互联网技术手段将企业优质的职教资源引入培训课堂，实施校企远程双向互动情景教学，使职业技能培训具有更强的获得性。

4.1.5　建立多元化师资队伍

师资队伍是公共实训基地人才培养质量的基础,公益开放性的公共实训基地需要有宽口径、高水平、精技能的人才队伍。目前,各地在师资队伍建设方面也在逐步探索新型管理模式,力争实现"不求所有,但求所用"。

4.1.5.1　拓宽师资来源途径

中部地区某依托技工院校建设的公共实训基地,为避免校内专职教师缺乏实训经验等问题,通过从校外选聘工程师、技师、管理人员以及有实践经验的工程技术人员任兼职教师,优化形成专兼职结合的师资队伍。西部地区某公共实训基地聘请行业企业兼职教师 70 余人,形成了一支以本地教师为主体、援助教师为后盾、企业兼职教师为补充的"三元结构"教学团队。西南地区某公共实训基地立足当地职业技能发展现状和改革方向,积极推进职业技能专家库建设工作,初步建立起覆盖全市各行业、重要工种的技能专家平台。

4.1.5.2　加强师资培训,提高师资水平

中部地区某公共实训基地对实训师资实行准入制度,面向当地主导产业开发针对性实训项目,充分挖掘本地各行业龙头企业、职业学院、社会民营培训机构的资源,定期组织师资培训,颁发实训师资聘用证书,建立实训师资库,充实师资队伍。也有公共实训基地在依托技师学院师资力量和校企合作单位的专业技能人才的同时,聘请全国高等院校知名专家、学者担任基地专家顾问,建立长期授课师资合作,邀请专家来基地开展针对性的技能培训。近三年共组织专职、兼职教师外出培训 178 人。

4.1.6　围绕重大战略,开展特色服务

公共实训基地作为技能人才培养的重要平台,应发挥在培训、实训、竞赛、技能开发等方面的优势,围绕国家重大战略和区域发展战略,依托本地特色优势产业,久久为功、持续发力,助力高素质技能人才培养和技能型社会建设。

4.1.6.1 依托区位优势，参与国家战略

西南地区某公共实训基地依托区位优势开展"一带一路"国际合作培训。通过政策扶持和引导，引进国际知名的培训机构及权威认证机构，引入先进的培训方式、管理手段等优势培训资源，满足市场对高技能职业人才的迫切需求。以公共实训基地为平台，充分发挥面向南亚、东南亚前沿窗口的区位优势，增强与老挝、缅甸、泰国等东盟国家的经济和文化交流，开设老挝语、缅甸语、泰语等东南亚通用语专业的实践教学，组织东南亚国家留学生、在职人员汉语培训，承办老挝丰沙里省"公务员华文及办公自动化培训班"等国际培训。目前，该公共实训基地与新加坡思新国际教育集团建立长期创业培训合作项目，与日本滋贺高等技术大学、德国勃兰登堡州国际教育中心建立职业技术人才培养校企合作。基地积极拓宽国际民间合作渠道，曾接待老挝妇女代表团 70 余人到园区交流考察。

西北地区某公共实训基地依托本地生态资源，培育直播电商经营模式，大力发展互联网新型经济，助力乡村振兴。基地先后投入 500 余万元，设 12 个实训室，培训面向全市农村电子商务从业者及有电商创业意愿的农村人员，培训内容主要包括短视频直播带货实际操作、农产品品牌营销推广以及网店运营等，着力培养懂技术、有文化、会经营的农村致富带头人。2021 年以来，该县共开展电商培训 6 期，先后有 20 个乡镇 312 名学员到基地参加直播电商培训。截至本书完稿时，当地 92 家电商企业利用此平台售卖了 8 000 多万元消费扶贫产品，农户总计收益达 4 000 多万元。

4.1.6.2 依托本地资源，开展特色服务

西南地区某公共实训基地与当地农业农村局共建"农产品质量安全检测中心""测土施肥实验室""功能性农产品协同创新中心"，近年来完成区域内 5 230 个土壤样本 57 530 个指标检测。与当地住建局共建工程质量检测中心，近年来为当地 52 个工程项目提供近 10 万份检测报告，创造产值 600 万元；与 41 个工程项目签订检测服务合同，开展建筑材料见证取样、主体结构实体质量等项目的检测业务，完成产值 1 077 万元，年营业收入 745 万元，上缴税费 70.5 万元。推进校中厂建设，累计完成产品加工任务 1 万余件，预期经济效

益 1 000 万元。与某航空服务有限公司联合成立无人机植保服务队，先后完成了 70 余万亩农作物病虫害植保无人机飞防作业，实施科技支撑农业发展，助推农业现代化。

西南地区某公共实训基地依托本地高校和技能大师工作室，成立"工匠技能人才培育与产业发展研究院"，在技能人才培养、技术难关攻坚、技能提升培训、大赛选手培养等方面提供助力。立足该市职业技能发展现状和改革方向，积极推进职业技能专家库建设工作，初步建立起覆盖全市各行业、重要工种的技能专家平台，打破过去技能专家人员"单打独斗、各自为政"的格局，实现了资源有效整合。

4.2　推动公共实训基地发展的意见和建议

近年来，公共实训基地在技能人才培养、师资培养和课程项目开发等方面发挥了重要作用。但在基地建设运营方面也存在一些困难和制约。比如在基地建设方面，公共实训基地建设多为政府一次性投入，后续可持续性造血能力较弱，没有足够的资金来维持公共实训基地的维护、升级与改造。在基地运营方面，各地运作模式各有特色，但总体上还缺乏绩效评估与科学的量化考核，难以对基地运行的效率和效益进行客观公正的评价。在师资方面，县级公共实训基地普遍缺乏相应配套的人才引进机制，受机构编制限制影响，管理人员数量少、专业技术水平低，缺乏高水平教师队伍。在体制机制方面，由于学校或公共实训基地用地性质大多为教育、科研用地，与现有"生产型企业使用工业用地、培训型企业使用商业用地"的规定存在冲突，难以推动产教融合、校企合作等。

针对这些问题，建议"十四五"时期公共实训基地建设坚持政府、行业企业、学校、社会团体、个人等主体多元投入的原则，摒弃传统的单一主体投入模式，构成各方利益共同体，建立和完善政府统筹、产业引导、行业推进、企业和职业院校自主、民间力量广泛参与的多元化公共职业技能培训体系。

第一，健全完善公共实训基地管理运营制度。研究制定全国统一的公共实训基地运营管理办法和激励机制，明确管理制度、角色定位等。允许各地结合实际，通过政府部门委托机构运营或与第三方合作等灵活多样的方式，解决运营机构人员配备、师资队伍建设、经费筹措等问题。增强省市县多级公共实训基地的联动与互动，减少资源重复无效投入。

第二，加强资金保障，完善成本分担机制。由于实训基地在建设和运行过程中对资金的需求较大，需要持续不断地投入建设或维护资金，仅靠政府财政投入压力较大，必须探索多渠道的投入方式，探索市场化的运作方式，使实训基地具有一定的自身造血和不断发展的能力。需要加大政府推动力度，探索建立政府、企业、个人成本分担的机制，逐步研究社会、企业参与的激励优惠政策。

第三，加强高水平师资队伍建设。制定和实施更加切实可行的师资培育规划和行业企业兼职教师参与培训与管理的政策，加快高水平的专兼职结合的专业带头人和技能型教师培养。探索建立公共实训基地"双师型"师资共享库，完善公共实训专业教师轮训制度，鼓励基地创新实训基地教师评聘制度，根据发展需求公开招聘具有丰富实践经验的在职专业技术人员和高技能人才到基地担任教师或实习指导教师。探索组织全国性实训基地管理人员、骨干教师的调研交流活动。

第四，支持实训基地数字化建设。服务支持平台的信息化是提高公共实训基地效率运行的重要保障，包括网络基础建设、信息服务系统、各种业务管理信息系统、仿真实训平台等，最终要能够实现网上预约、网上安排、网上学习、网上实训、网上考试等服务。对有条件的实训基地，要充分运用网络技术，实现远程实训。

第五，建立职业技能实训基地监督评估制度。对公共实训基地的建设和运行情况进行定期的监督考核，便于了解财政资金的使用效果、基地运行对技能人才培养的作用、专业课程设置与技能人才缺口的契合程度等。监督评估体系分为基地建设初期的建设需求评估、建成后的建设情况评估，以及运行过程中每年定期的运行效果评估三个方面。根据监督考核结果，逐步建立实训基地的奖惩机制。对考核优秀的实训基地，在政策、资金等方面给予支持和鼓励；对于考核不合格的，责令整改或停止进一步资金投入。健全的监督评估制度一方面可以全面掌握实训基地的运行情况，对存在的问题及时进行调整改善，促进基地的良性发展；另一方面可以为其他基地的建设、发展提供参考，促进区域内实训基地的合理布局。

第 5 篇

国外公共职业技能培训开展经验及借鉴

技能人才是一种独特的、稀缺的、无可替代的战略性人才资源，能够产生巨大的经济价值和社会价值，是国家获取竞争优势的核心要素之一。经济全球化的纵深发展在加速全球竞争的同时，促进了高新技术的传播与应用，而新技术革命又引发了生产组织方式的变革，推动了产业结构的调整与转型升级，导致对掌握新技术、新技能的技能人才尤其是高技能人才的需求迅速增长，继而造成许多国家尤其是各主要工业国出现不同程度的技能人才短缺。世界各国为提高技术创新能力，推进产业转型升级，纷纷将人才强国、人才立国上升为国家战略，通过各具特色的培养模式，多举措、多途径培养技能人才，服务于产业升级与经济增长。本篇的主要内容是介绍国外一些典型国家或地区公共职业技能培训开展情况以及共建共享的做法和经验，主要包括澳大利亚、英国、新加坡、欧盟等，以期对我国公共职业技能培训共建共享提供参考。

5.1 澳大利亚——国家培训框架体系

澳大利亚的"技术与继续教育"（Technical and Further Education，TAFE）

是国际知名的职业技术教育和培训体系。TAFE 院校是澳大利亚的第三类高校，把部分普通教育、技校、中专和大专融为一体，以就业前和在职培训为主，学生没有年龄限制，学制多种多样，课程设置与本地各行各业的发展需要紧密联系。

在政府和企业界的推动下，为使职业教育满足行业需求，澳大利亚建立了国家培训质量委员会，以管理澳大利亚资格框架中的国家能力标准开发；建立澳大利亚证书体系，使职业资格证书与工作和能力相符；实施能力本位培训，以保证培训适应行业技能需求，并改善评价鉴定程序；对培训单位拨款实施竞争，培训学校的办学效益越高，政府给予的经费支持也越多；建立国家承认的体系，包括课程改革、证书等级、行业关系等；鼓励并资助建立行业咨询委员会，就能力标准和未来的能力需求提出建议；建立国家研究中心，开发国家职教数据标准，规定各州和大学培训的统一标准，形成国家计划体系。

图 5-1 为澳大利亚国家培训框架体系示意图。国家培训框架体系由澳大利亚质量培训框架（Australian Quality Training Framework，AQTF）、培训包（Training Package，TP）和澳大利亚资格框架（Australian Qualification Framework，AQF）三个部分构成。

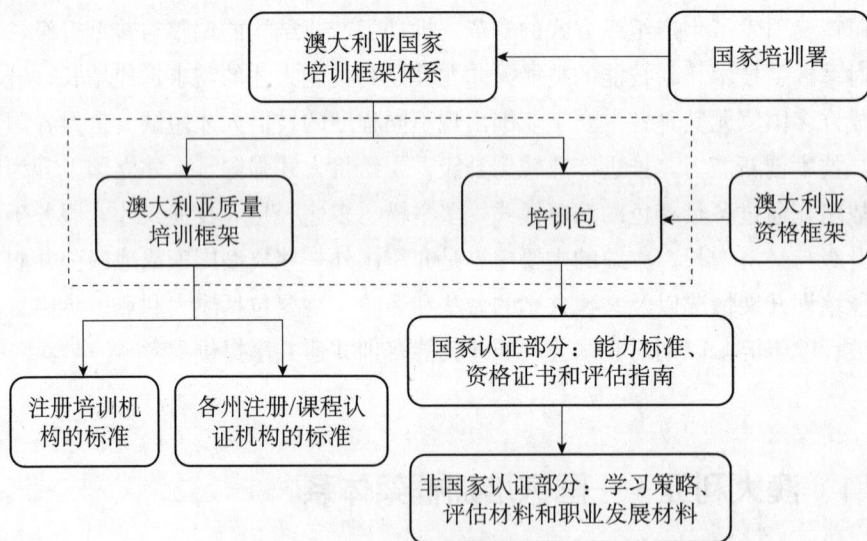

图 5-1　澳大利亚国家培训框架体系

5.1.1　澳大利亚质量培训框架

澳大利亚质量培训框架于 2001 年建立，形成了全国统一的办学质量保障体系，用于监控注册培训机构提供的培训和技能鉴定服务的质量。国家培训质量委员会（National Training Quality Council，NTQC）负责监督澳大利亚质量培训框架和培训包的实施情况。该委员会由企业负责人、员工和政府机构代表组成。澳大利亚质量培训框架是确保所有注册培训机构及它们签发的资格证书在整个澳大利亚得到认可的一种机制，包括两套标准：注册培训机构的标准和各州注册/课程认证机构的标准。

5.1.2　培训包

培训包是由行业制定且得到国家认证的用以帮助人们获得某一具体职业所需能力而开发的一个培训内容集成包，是 TAFE 院校开展职业教育和培训的依据，目前已经成为澳大利亚国家培训框架体系的重要支柱之一。培训包的引入和使用将行业技能要求和职业教育与培训的目标相结合，使澳大利亚的教育与培训系统更趋灵活与完善。

政府通过吸引行业参加培训包的制定，将行业需求与行业技术教育培训目标结合起来，即将能力标准与资格证书直接联系起来，并规定学生能力标准的最低考核要求。培训包也是澳大利亚职业教育中重要的官方文件和教学法规，详细规定了统一的国家能力标准、评估指南和资格证书，并为之提供相应的辅助材料。教育培训机构和教学人员可以根据不同需要进行组合和教学创新，使其应用更加灵活和自由，为注册培训机构的课程开发提供了具体而准确的依据。

构建培训包能力标准体系。能力是指学习者能承担达到工作场所行为标准的具体任务和职责的能力。它要求应用与有效参与行业、行业部门或企业活动相关的具体知识、技能和态度。能力标准由一系列能力单元组成。每一能力单元描述具体工作功能或职业的一个重要功能或角色。培训包中的每一能力单元与一个或几个澳大利亚资格框架中的资格相关联。培训包的能力标准由行业决定，以满足行业技能要求。

培训包通过对一个行业的管理，将以前相互不连接的职业能力标准、学科、学历以及学习辅导材料联系起来，并且为全国认可的证书、学历课程的学习和评估创造了一整套工具。从 1998 年发展至今，培训包可以说是澳大利亚职业教育改革最优秀的成果之一，已经成为澳大利亚职业教育最引以为豪的旗帜。作为一套国家认可的用以认定和评价受训人技能的职业标准和资格体系，培训包没有规定要使个体达到这种要求应当采取怎样的教育和培训方式，而是致力于解决职业培训和认证中的能力标准、评价方针以及资格证书认证的条件和标准，还包括由学习策略、评估材料和职业发展材料等组成的辅助材料，所有这些在澳大利亚全国范围内均能得到认可。

具体来说，每个培训包主要包括国家认证与非国家认证两部分内容。作为培训包的主体，国家认证部分主要包括能力标准（规定本行业不同岗位从业人员所应具备的文化知识、技能和素质的标准）、资格证书（根据行业不同岗位资格的要求对有关能力标准进行组合，学习合格者可授予相应的资格证书）、评估指南（对学生能力的评估考核方法和评估考核环境做出了明确的规定，并且对受训者和评估考核人的资格也提出了具体的要求）。非国家认证部分由学习策略、评估材料、职业发展材料三方面组成，由行业和教育培训部门自行开发，不需要国家认证。

培训包的引入将行业技能需求和职业培训的目标相结合，即将能力标准与澳大利亚资格框架直接联系起来，并规定了学生达到能力标准所需的最低考核要求。

在职业教育的具体教学过程中，能力标准是课程、教材的开发依据，也是学习成果的一项鉴定标准。培训包中的能力标准和证书框架使 TAFE 院校和注册培训机构所设的专业都有明确的培养目标、就业岗位能力和学习时间要求，使学习者获得适应劳动力市场需求的职场工作能力，并获得相应的职业资格证书。

5.1.3　澳大利亚资格框架

澳大利亚资格框架是在全国范围内，包括普通中学、职业教育培训机构

（VET）和高等教育院校等各个不同教育层次授予的国家一致认可的资格。培训包中的资格是指澳大利亚资格框架的职业教育资格，包括一级文凭、二级文凭、三级文凭、四级文凭、高级文凭、毕业证书和毕业文凭以及部分资格的陈述。一旦达到了培训包的相应要求，注册培训机构可以颁发全国认可的澳大利亚资格框架的资格证书。当达到澳大利亚资格框架证书所要求的一个或几个能力单元时，注册培训机构（RTO）可以颁发部分资格证书。澳大利亚资格框架职业教育资格证书，是以执行任务所要求的知识技能广度、深度和复杂性为依据进行分类的。资格证书是职业技能的标准，具体技能通过培训的传授以及评估都可以在培训包中得以实现。培训包的开发也包含向全国各个产业咨询的过程。

以培训包为基础，澳大利亚建立了全国统一的以行业为主导的国家职业教育框架体系，并与学校教育、大学教育体系一起构成了国家终身教育体系，最大限度地满足教育与培训的相关者，如行业、企业、政府、社区和学员等对职业教育的需求。在职业教育体系中，培训包是绝大多数项目的基础，如澳大利亚学徒制、注册培训机构的培训课程、学校职业教育项目，都认可培训包中的技能标准与职业证书。

澳大利亚资格框架于1995年首次引入，长久以来成为澳大利亚高质量教育的基础与保障。在澳大利亚资格框架委员会的主持下，该体系不断修订，以确保质量成果的可靠性。澳大利亚资格框架的受众人群涵盖所有教育、培训机构，其宗旨主要包括以下方面：在当前及将来可以容纳多样化的教育体系；通过现代的、切实的、统一的标准促进经济发展；保证资格获取途径的畅通，使劳动者易于在不同专业领域转换工作；通过提供教育、训练，以及对先前学历及经验的认证，对劳动者终身学习目标予以支持；巩固关于教育、实训方面的国家规范以及质量保障体系；通过增加对国家资格价值和可比性的认可，支持并加强国内和国际劳动力的流动；使澳大利亚资格框架和国际体系可以有机结合。[23]

5.1.4　澳大利亚国家培训框架体系的主要亮点

澳大利亚政府通过出台各类职业教育政策，促进形成了以产业为导向的职业教育和技能培训体系，构建了以标准化、市场化、产业化和私营化为特征的职业教育，推动建立了富有竞争力的市场机制，以此促进澳大利亚职业教育的持续发展。

5.1.4.1　职业资格制度系统化与标准化

自 20 世纪 90 年代开始，澳大利亚政府通过一系列联邦制度改革应对国内劳动力短缺、国际竞争力下降等问题。联邦政府通过回收各个州和地方的相关职业管理制度制定权，将其统一纳入联邦政府对全国性事务的决策和管理。由此，澳大利亚职业教育制度开创了职业治理新模式，由过去的地方政府主导向联邦政府和地方政府共治转变，进而再变为联邦政府主导、地方政府配合的治理格局。联邦政府通过成立相关职业教育部门，逐步将全国职业教育纳入系统化和标准化建设，形成了澳大利亚资格框架和澳大利亚质量培训框架，建立了职业教育统一标准，这成为联邦政府对地方职业教育宏观调控的抓手和依据。

5.1.4.2　职业教育办学主体市场化、多元化发展

澳大利亚政府自 1996 年以来，对中学阶段公立学校的资金投入有所缩减，而对私立学校的资金投入逐步提升。近些年，澳大利亚政府通过扶持非政府背景的教育培训机构，塑造了多样丰富、互补实用、针对性强、互通性强的职业教育系统，包括 TAFE 院校、成人与社会培训机构、私立培训机构、企业培训机构等，办学主体呈现出多元化的特点。[24]

5.1.4.3　职业教育产业化

在澳大利亚的国家就业、教育与培训委员会（National Board of Employment，Education and Training，NBEET）改革后，职业教育开始走上产业化和商品化道路。政府开始运用市场化理论来进行制度改革，将其作为市场宏观调控的"看得见的手"。通过服务购买形式，政府向 TAFE 院校或者私立培训机构购买服务，主要是职业教育培训服务，同时根据培训服务的教学质量，或者学生学习情况、劳动者就业质量，以及学科专业设置是否合理、是否符合产业发展需求等，进行不定额财政支持。这种市场服务购买运行机制促使各 TAFE 院校和私立培训机构更加注重效率提升，以降低成本实现效益最大化。

同时，这种做法也将职业教育打包推向了市场，加剧了市场各培训机构之间的竞争，促使这类机构更加注重教育产品的实用性和可落地性，更加注重自身品牌建设，强化与政府、行业、企业、学员之间的联系，提供尽可能高效优质的服务，以便获得更多的公共财政资源。[25]

5.1.4.4　职业教育运营企业化

20 世纪 90 年代，企业界尝试将管理哲学向其他领域渗透，而职业教育成为最佳人选，形成了类企业的管理文化。政府则通过适时出台相关政策起到了推动作用。在澳大利亚职业教育市场化推进过程中，联邦政府推出了用户选择模式和新学徒制模式，促使 TAFE 院校转变为自我管理、独立运营的职业教育培训机构。通过自负盈亏的市场化管理模式，TAFE 院校主要负责人转变为公司治理法人或 CEO，追求培训工具最大价值。此外，商业话语、经济手段和市场转变都促进了诸多新型职业身份的变化。比如，师生关系变成客户和老板的关系，培训机构变成资源的提供者或生产者，学习区域变成商业化的单元模式，还有工作场所培训、专业课程内容创设、能力本位下的培训包设置等，均成为培训机构要提供的主要内容。[26]这种类企业化的管理方式极大地促进了职业院校整体运作效率的提升，也满足了学员的用户需求。但一个不可忽视的问题是，这种用户选择往往只是单边的，在培训内容方面，院校通常更多关注产业需求而忽略学员可持续发展能力的培养，会出现不适用、不实用、不可用的问题。

5.2　英国——现代学徒制

校企合作是英国现代学徒制的典型特点。比如，英国的克洛伊登学院就与很多知名企业合作，包括丰田、雅诗兰黛、英国国民健康保险、安联保险和谷歌等；沃尔索耳学院先后与美国罗兰公司、微软公司、苹果公司进行合作，成立了罗兰音乐实训基地、罗兰汽车贴膜实训基地、微软实训基地和苹果授权培训中心。在这种校企合作的模式中，学生约有一半时间在职业院校学习，一半时间在企业或校企合作的实训基地接受培训，可以很好地保证理论学习与实践锻炼相结合。此外，实训基地本身的运行机制及特色模式也有利于学徒的技能发展。

5.2.1　产教结合实践培养方式

英国现代学徒制最主要的特点是产教结合的培训方式。现代学徒制实行企业和学校结合交替式培养模式，学徒 1/2～2/3 的时间在企业接受培训，1/3～1/2 的时间在职业学校学习，企业中的实践与职业教育中的理论学习密切结合。学徒每周 1～2 天在职业学校学习理论知识，4～5 天在企业实践学习，理论课与实践课课时之比约为 3：7 或 2：8。[27] 由此，注重加大对实践性环节教学改革的力度，以培养高素质技能型专门人才为目标，强化对学生动手能力的培养，着力提高学生的技能水平。[28]

5.2.2　实训基地融合教学与盈利的双重性质

一方面，从实训基地本身来看，现代学徒制的实训基地具有双重身份，比如沃尔索耳学院的美容美发中心，对外是一个营利性的美容美发店，对内则是一个学校的美容美发实训中心。而且，这个实训基地是盈利的，只是这里的所有利润都用于再投资，基地的先进设备、仪器等都是用这些利润购买的，这样能保证基地的设施不断更新。另一方面，从参与培训的学徒来看，他们是带薪学习，在实训基地虽然接受培训，但是相应的实训工作实际上是一种有偿服务，他们可以拿到相应的报酬，而工资与学徒年龄和参与学徒制的时间有关，一般为行业薪酬平均水平。有研究表明，学徒制工资最低水平已经达到了每小时 2.68 英镑。[29]

5.2.3　政府支持力度与技能认可程度并重

在政府层面，相关法律规定，一方面，每个企业每年至少要付出工资总额的 1% 作为校企合作的实训基地训练费用；另一方面，如果企业接受学生实习或与学校合作建设实训基地，则可以减免税收。此外，政府还会对学徒培养给予财政支持。在现代学徒制中，年龄在 16～18 岁的学徒，培训费用由政府全额支付；年龄在 19 岁以上的学徒，培训费用由政府半额支付。学徒在培训期间的工资由企业支付。

除了政策支持，英国现代学徒制还具备较为充分的法制保障。《1944 年教育法》，即著名的《巴特勒教育法》，以法律形式确定了职业教育在中等教育中的地位。1956 年发布的《技术教育白皮书》，主张在课程形式上采取全日制与部分时间制相结合的方式，在重点发展技术学院中工读交替制课程的同时，继续发展各类机构中的部分时间制高级技术课程，把它作为全日制课程的必要补充。1964 年颁布的《产业训练法》规定了产业训练委员会的设置，在法律上保证了政府对产业训练的宏观控制，保障了产业训练的有关各方在组织上的协调统一。在英国职业教育发展过程中，可以清晰地看到职业教育与企业的互动越来越明显，职业教育从单纯的学校教育走向与企业密切联系的实业教育，企业直接对教育的成功与否做出客观评价，并对教育过程实施监督。同时，通过法律条文保障了用于职业教育的经费和实践环节的场所。[30]

此外，学徒制培训获得的国家职业资格证书会激励职业教育学生去获得更高级的资格证书，让他们有动力持续学习技能。学生完成学徒制培训通过考核后，就会获得相应的资格证书，比如在英国沃尔索耳学院与微软公司合作的培训中心，学生只要通过了计算机培训考试，便能获得实训基地颁发的证书，拿到证书的学员自然有机会找到更好的工作单位。这种政府支持力度与技能认可程度并重的实训模式会激发学徒参与实训与技能提升的动力。

5.2.4　多方位参与的合作机制[31]

英国现代学徒制下的校企合作实训基地，政府、学校、行业、企业都会参与。其中，以学校为主体，政府为主导。[32]除了政府层面的财政支持与税收优惠，英国的校企层面也对学徒制体系下的实训人才培养做出了巨大贡献。

在行业层面，英国的行业协会也会参与到校企合作的实训基地建设中，如在产业发展、培训专业方向等方面制定行业标准，这样在市场需求和行业发展的基础上做出的培训框架，其市场导向性更强。

5.2.5　广泛的实训基地培训对象

英国现代学徒制下的校企合作实训基地培训对象除了本校的学生，还包括企业员工、社会上的其他人员等。学生可以在实训基地学习并掌握实用技能，企业员工也可以在实训基地学习，进一步提升自己的理论知识与技能实践能力。此外，英国的实训基地还会对社会上没有工作但想学习一技之长的人开放，在促进社会安定的同时提升了学校知名度和实训基地的收入。

5.2.6　标准课程设计

为了避免传统的"一带一"学徒制培养、评价标准混乱的现象，英国现代学徒制对培训课程标准进行了全方位的规划，包括培养标准、课程设计、资格框架和认证体系四个方面。

5.2.6.1　培养标准

为防止企业在提供学徒制岗位的数量与标准上过多考虑自身利益，尤其是容易受到短期利益驱动而使培训倾向于满足企业个性需求的技能，英国政府在学徒培养方面制定了统一标准。由英国政府牵头，商务、创新与技能部（BIS），教育部，国家学徒制培训服务中心和技能资助局（Skills Funding A-gency）等几个政府部门与机构联合，共同制定了《英格兰学徒培训的规格标准》，它是英国现代学徒制培训的最基本标准，而且具有法律约束力。主要内容包括：一是学徒获得资格证书应满足的学分、能力及技术等条件要求；二是学徒对雇员权责的知情度；三是学徒的学习与思维能力；四是功能性与关键性技能。该标准还规定，中级学徒制项目至少要完成 37 个学分，取得国家二级资格证书、英语一级或二级证书；高级学徒制培训项目中的学徒，其资格与能力要求则是必须获得国家三级资格证书、英语二级证书等，其他方面与中级培训项目基本相同。

5.2.6.2　课程设计

英国现代学徒制课程开发机制的主要依据是国家学徒制构架体系，并通过不同的学徒制项目来实现。学徒制项目由行业技术委员会与企业合作，并根据国家职业资格标准共同开发，用来规范学徒培训的行为。虽然每个学徒制项目的框架各不相同，但是所有框架的基本内容都由能力本位要素、知识本位要素和关键技能本位要素三部分构成。

第一，能力本位要素是指学徒必备的基本岗位能力，它是现代学徒制培训的核心。能力本位要素的课程内容主要由行业委员会与雇主共同开发，而资格与课程署及行业技能委员会负责绩效评估。

第二，知识本位要素是指学徒必备的基本理论知识，学徒需要接受技术证书课程的学习与培训，并获得技术证书。资格与课程署及学习技能委员会负责技术证书课程开发，而资格与课程署及行业技能委员会负责考核与评价。

第三，关键技能本位要素又称可迁移能力，主要包括信息技术能力、数字运用能力、交流能力、学习能力与解决问题能力等。其中，信息技术能力、数字运用能力与交流能力在国家职业资格证书课程中属于必考课程，并且只能通过专门的脱产学习才能获得。[33]

5.2.6.3　资格框架

在英国，学徒制、职业教育、普通教育可以等值互换，从而打造了纵向层级递进与横向证书互认的双流通体系。纵向上，如果学徒有意愿学习则可以继续获得学士甚至硕士学历，以奠定其升学路径；横向上，普通教育与职业教育的证书互通客观拓宽了学徒的职业路径。具体关系如表 5-1 所示。

表 5-1　英国现代学徒制体系与教育体系的关系

学徒制体系	证书体系	教育体系		
高等学徒制	第 8 级	博士学位（Ph. D）		
	第 7 级	硕士学位（MA，Mphil，MSc）		
	第 6 级	大学学位（BA，BSc）		
	第 5 级		基础学位（FdA，FdSc）	HND
	第 4 级			HNC
高级学徒制	第 3 级	A-Level（A2）	L3 扩展学位（国家文凭）	L3 学位（国家证书）
		A-Level（AS）		

续表

学徒制体系	证书体系		教育体系
中等学徒制	第2级	GCSE（A～C）	L2学位（1级学位）
	第1级	GCSE（D～G）	L1学位（基础学位）
	入门级	关键阶段	E3学位（基础学位）

第一，现代学徒等级与职业资格等级对接。因为英国现代学徒制框架本身就是基于国家职业资格（NVQ）制度而设计的，亦即先天就注定了现代学徒制的各个等级与国家职业资格制度的紧密关系，所以英国也是最典型的现代学徒制与国家职业资格体系相挂钩的国家，即现代学徒制的前学徒制、中级学徒制、高级学徒制、高等学徒制分别与国家职业资格之半熟练工（NVQ-1）、熟练工（NVQ-2）、技术员（NVQ-3）和工程师（NVQ-4）相对应。

第二，普通教育学历证书与职业教育学徒资格证书转换。为提高民众对职业教育学徒资格的认可，英国将职业教育融入整个教育体系中，使普通教育学历证书与职业教育学徒资格证书实现了相互转换。一是12～16岁普通中等教育层次中的中一、中二、中三获得的中级证书等同于12～16岁中等职业教育层次获得的NVQ-1和NVQ-2证书；二是17～18岁普通中等教育层次中的中四、中五获得的高级证书A-Level等同于17～18岁职业教育获得的NVQ-3、NVQ-4和NVQ-5证书。

第三，两套职业资格框架与普通教育衔接。两套职业资格框架指国家职业资格证书和普通国家职业资格（GNVQ）证书。前者以实际技能操作为基础，按行业和岗位分别制定能力标准，共分为5个等级（包括青年学徒制），覆盖了大部分职业岗位。后者以全日制学习为主，分基础级、中级和高级三个等级。学习单元都包括必修单元、选修单元和附加单元。其中，必修单元是各类职业资格都必须学习的核心单元。GNVQ是英国普教和职教之间的衔接，使职业教育培训和学历教育得以结合，让学生能够在继续学习和就业之间自由选择，使职业资格教育和学历教育享有同等权利，促进了二者的融合和同向发展。NVQ、GNVQ和普通教育证书的衔接及等效，使得职业资格证书获得者可以申请进入普通高等教育继续学习，普通教育证书获得者也可转入职业资格证书体系中进行培训。[34]

5.2.6.4　认证体系

在英国，并没有独立的学徒制资格证书制度，但是在顺利完成学徒制的学习之后，学员可以获得三类与学徒制框架相对应的认证资格，分别是技术证书、国家职业资格和关键技能资格。在对学徒的学习效果进行考评时，除了正规的书面测试，还有在工作场所进行的能力本位测评方法（在模拟的工作情境中对学徒的技能、能力和熟练程度进行测试；对学徒在正常工作环境中的表现进行观察；有选择地对学徒自然工作状态下的表现重点考察）。由于英国的认证机构认为，一个人在复杂多变的工作场所能否顺利地完成工作任务，必须用不同的方法进行多次评定才有说服力，因此在对学徒进行考评的时候，会综合使用以上提到的方法。

（1）国家职业资格课程。英国每个等级的国家职业资格都由若干要素构成其能力单元，都规定了必备的知识、技能、权利、责任、义务及行为规范，受到了行业企业的普遍认可。

（2）技术证书课程。指将"技术证书作为评价职业知识和理解力的证书，以及为国家职业资格的获得者提供必要的基础知识和理解力"的课程。

（3）关键技能课程。包括交流能力、信息技术处理能力、数字应用处理能力、学习和业绩的自我提高、问题解决以及与他人合作等可迁移的关键能力。

5.2.7　资金保障

英国现代学徒制的资金来源主要有四个方面：一是征收学徒税；二是公共财政拨款；三是企业分摊；四是个人投入。政府通过多渠道扩大资金来源，调动各方积极性，保证学徒制资金充足。

5.2.7.1　征收学徒税[35]

在征收学徒税方面，英国对学徒税的征、管、用、补做了详细规定，而且已经有较长历史。1833 年的《工厂法》是英国最早的学徒税法，它规定了企业要从每个童工的工资中扣留 1 便士/周支付给师傅，一便士税便成为英国利用税收支持学徒培训的法律标志。1964 年《工业培训法》颁布，该法规定按照企业工资总额和规定比例向企业征收学徒培训税，同时给予参与学徒培训的企业一定的学徒培训奖学金。

在学徒税的管理及使用方面，英国也有较为完善的制度规定。在税收管理上，英国建立了学徒制数字服务平台。纳税企业在该平台注册后即建立了学徒制经费账户，每月在该账户上既可缴纳学徒税又可划拨经费给培训机构。在经费使用上，学徒税具有专用性。学徒经费主要根据学徒制标准确定，由 0.15 万～2.7 万英镑共 15 个经费档次组成，每个学徒制标准均对应一个经费档次。如相当于本科学位的航空工程师培训经费最高是 2.7 万英镑/个，而相当于普通中等教育的成年护理工培训经费仅 0.3 万英镑/个。企业和学徒培训机构商定培训价格后，由政府和企业各分担 2/3 和 1/3 的费用，且企业负担的学徒培训费用只能从与之对应的经费档次限额内支出，不足部分则由企业另外支付。学徒制经费的使用期限最长为 24 个月，经费即将过期时系统会提醒企业尽快优先安排使用，一旦过期则由政府统筹使用。此外，政府还会通过政府补贴与拨款机制保证学徒制项目有稳定的资金保障。

5.2.7.2 公共财政拨款

一是普惠性配套补贴。纳税企业每月的学徒税税款进入纳税账户后，政府再予以 10% 的税金配套；对尚未达到纳税标准的企业，则由政府与企业各承担学徒培训成本的 90% 和 10%。二是扶弱性补贴，即对"学习困难者、残疾人、低收入地区的学徒、单身成年学徒、16～18 岁学徒等弱势群体以及小企业"[36]，根据不同情况予以部分学费补贴乃至全部免除学费。三是额外性补贴或奖励，即对基础性、公共性、紧缺性等学徒岗位，由政府额外进行补贴或奖励。四是提升性奖励，即当学徒获得更高级别的学徒资格证书或在新技能上获得实质性突破后，政府对培养企业的学徒给予特殊奖励。

政府对企业学徒培训补助金额按月平均拨付，保留的最高档次比例经费待学徒培训结束并考核合格后才予返还。下面以企业培训 19 岁及以上学徒，并选择最高上限为 1.5 万英镑的培训费用，且经商定 2 年的学徒培训期共需 1.6 万英镑培训费用的拨付方式为例进行说明。首先，企业要全额支付超出的 0.1 万英镑培训费用。其次，确定最大保留经费值（1.5 万英镑×20%）。最后，将剩余的 1.2 万英镑分 2 年逐月平均拨付给企业。进一步执行时，还要考虑一些细节。当企业已经缴纳学徒税且数字账户中有足够经费时，则每月平均支付给学徒培训机构的金额就全部从数字账户中划拨。当企业缴纳了学徒税，但其数字账户经费不足时，则首先从企业数字账户划拨，不足部分再由技能基金署与企业按 9∶1 分担。而当企业没有缴纳学徒税时，则由技能基金署与企业分别每月平均支付给学徒培训机构 450 英镑和 50 英镑。对所保留的 0.3 万英镑，当学徒完成培训并考核合格后，如果企业缴纳了学徒税且数字账户中有足够金额，则将 0.3 万英镑直接从企业数字账户中划转给学徒培训机构；如果企业没有缴纳学徒税，则由技能基金署与企业分别承担 90% 和 10% 的剩余学徒培训经费，并支付给学徒培训机构；如果企业虽然缴纳了学徒税，但其数字账户中的金额不足以支付剩余 0.3 万英镑的学徒培训经费，则首先划拨企业数字账户中的现有金额，不足部分再由技能基金署与企业按 9∶1 的比例分担。[37]

5.2.7.3　企业分摊

在企业分摊方面，政府承担 18 岁以下学徒的全部学费，但针对 19～24 岁学徒将由政府和企业平均分摊。此外，学徒也可向企业申请助学奖金。

5.2.7.4　个人投入

在个人投入方面，为鼓励更多的人参与学徒培训，尤其是鼓励参加者取得高级学徒制资格，英国规定凡获得 4 级及以上高等学徒制资格者，由政府承担 2/3 的学徒费用，个人仅需支付剩余 1/3 的学徒费用。

5.3　新加坡——"技能创前程"计划

新加坡早在几十年前便提出了建设终身学习型社会的愿景。新加坡是华人占多数的国家，它应对老龄化、社会保障、"重文化，轻技能"等问题采取的方法对我国具有一定的借鉴意义。

5.3.1　"技能创前程"计划的提出

研究发现，随着新一代技术革命不断推进，劳动者技能的"保质期"预计会减少到 5 年。在劳动者 30 年左右的职业生涯中，至少需要更新 6 次个人技能，以保持其与工作场所不脱节。这意味着，劳动者的工作能力更大程度上取决于终身技能与发展，而非初始进入劳动力市场时的证书。[38]2014 年 9 月，新加坡政府成立"技能创前程"委员会（Skills Future Council），由政府、产业界、教育界和培训机构等几方代表组成，由时任副总理曼莫汉·尚达曼担任主席。该委员会制定了"技能创前程"计划（简称 SF 计划），旨在通过实施一系列提升技能促进美好未来的政策方案，以此作为一项全国运动，帮助处于不同人生阶段的新加坡公民通过学习和培训充分发挥潜力，发展个人技能和热情，为经济发展和社会进步做出贡献，并促进新加坡发展成为一个充满活力和创新的包容型社会。

作为一项为促进新加坡公民坚持终身学习、发展全面技能的方案，SF 计划侧重于四个主要领域。第一，帮助每个公民在教育、培训和职业发展方面做出知情选择。该委员会向个人提供关于公民教育、技能培训和职业选择的综合指导材料，从学生时代的就业指导开始，一直延伸到他们的职业生涯结束。政府与企业和有关机构合作，向个人提供关于就业、新兴行业和不断变化的劳动力市场等方面的信息。第二，发展全面、优质的教育和培训系统，以应对不断变化的社会需求。委员会中来自教育界和产业界的代表仔细研究如何设计新的教育和培训政策，确保青年公民除了能够得到全面、广泛的教育，还能获得一系列详细的、关于持续学习的信息，同时包括为他们提供发展新的职业技能的机会。第三，促进基于技能熟练程度的雇主认可和劳动者职业发展。委员会同企业雇主合作，在工会和政府部门的支持下，对每一个行业都提出一套具有针对性的促进个人工作技能有效提升的方案。第四，发展一种支持和重视终身学习的文化氛围。SF 计划将长期致力于发展每项工作技能，重视培养个人职业生涯中的精湛技能，培养工作和兴趣方面的终身学习习惯。委员会在社区终身学习中心的支持下，推出了各种实用工具推广终身学习文化。

5.3.2　"技能创前程"计划的框架

2016 年 8 月，为更好推动 SF 计划，新加坡教育局成立了精深技能发展局
（Skills Future Singapore，SSG），时任教育部代部长王乙康表示："精深技能
发展局的设立，将能长期促进'技能创前程'计划。一是发展一套集合了高素
质、切合实际的教育和培训体系；二是加强终身学习和追求提升技能的文化；
三是加强雇主对技能培训的认可。"精深技能发展局面向新加坡全体公民、潜
在劳动力（在校学生）、在职人员、雇主和培训机构等主体，设计了不同的子
计划，不论劳动者的职业技能和受教育程度起点如何，均能通过 SF 计划找到
适合的培训项目，并在未来的产业发展中找到自己适合的位置，从而推动经济
高质量发展。

SF 计划的框架如图 5-2 所示。

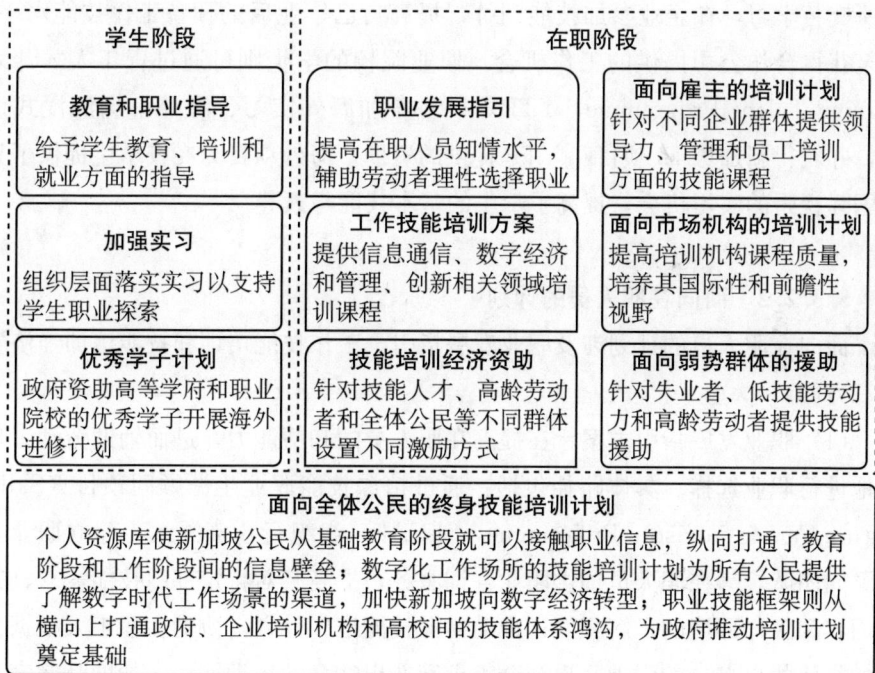

学生阶段	在职阶段	
教育和职业指导 给予学生教育、培训和就业方面的指导	**职业发展指引** 提高在职人员知情水平，辅助劳动者理性选择职业	**面向雇主的培训计划** 针对不同企业群体提供领导力、管理和员工培训方面的技能课程
加强实习 组织层面落实实习以支持学生职业探索	**工作技能培训方案** 提供信息通信、数字经济和管理、创新相关领域培训课程	**面向市场机构的培训计划** 提高培训机构课程质量，培养其国际性和前瞻性视野
优秀学子计划 政府资助高等学府和职业院校的优秀学子开展海外进修计划	**技能培训经济资助** 针对技能人才、高龄劳动者和全体公民等不同群体设置不同激励方式	**面向弱势群体的援助** 针对失业者、低技能劳动力和高龄劳动者提供技能援助
面向全体公民的终身技能培训计划 个人资源库使新加坡公民从基础教育阶段就可以接触职业信息，纵向打通了教育阶段和工作阶段间的信息壁垒；数字化工作场所的技能培训计划为所有公民提供了解数字时代工作场景的渠道，加快新加坡向数字经济转型；职业技能框架则从横向上打通政府、企业培训机构和高校间的技能体系鸿沟，为政府推动培训计划奠定基础		

图 5-2　SF 计划的框架

5.3.2.1　面向潜在劳动力（在校学生）的计划

与存量劳动力中期转职的技能提升需求不同，在校学生作为潜在劳动力，是推动知识型经济发展的主体，未来发展性、可塑性更大。该计划针对学生的特点，加强培养其终身学习能力，提高潜在劳动力的基础素质。具体政策有：

（1）提供职业与实习规划。教育与职业指导（Education and Career Guidance，ECG）项目为学生提供覆盖早期学校教育到整个职业生涯所需的知识、技能。结合新加坡国家发展政策方向，为在校生提供就业、行业发展等市场信息，促进其实施理性的教育和职业决策；深度实习（Enhanced Internships，EI）项目则进一步促进学生在实际工作场景中运用学校课程中获取的知识和技能。

（2）推进多元教育培养模式。在校学生可参与精深技能半工半读学位课程项目（Skills Future Work-Study Degree Programme，SFWSDP）。该项目旨在让学生充分利用入学（期末）时间或者工作日（学习日）时间，在大学和工作场所交替学习，在企业参加技能训练，提高自己毕业后的预备工作技能水平，甚至获得合作公司提供的工作机会。职业院校的学生则可通过青年人才计划（Young Talent Programme，YTP）报名参加海外实习、海外市场沉浸式课程，并获得新加坡 EI 项目和 YTP 提供的资助。海外项目为在校学生提供了具备国际视野的实习机会，提高了学生的基本技能与素养。

5.3.2.2　面向在职人员的计划

面向在职人员的计划涉及职业发展指引、工作技能培训和技能培训经济资助三方面。

（1）职业发展指引方案旨在提高在职人员的知情能力，进而辅助劳动者理性地进行职业选择。具体路径包括：通过精深技能职业生涯顾问项目（Skills Future Career Advisors Programme，SFCAP）组织行业资深人士建立职业技能顾问团队，为在职人员提供职业咨询服务，提高其对特定部门技能需求、工作内容和工作环境的了解程度；推动精深技能推广计划，协助在职工人根据自己的优势找出自身的强项，再结合需求筛选出适合的培训课程，帮助其制定具有个人特色的职业培训和未来提升规划。

（2）工作技能培训方案主要包括科技技能加速培训（Tech Skills Accelerator，TeSA）计划和精深技能系列（Skills Future Series，SFS）课程。科技技能加速培训计划是精深技能发展局为新加坡信息通信技术领域专业和非专业人员提供的专业技能开发框架，旨在促进该行业劳动者学习新技能或提升技能水平以满足不断发展的行业需求；精深技能系列课程则分为数字媒体、数据分析、技术支持服务、网络安全、先进制造业、数字金融、创业精神以及城市解决方案等八个领域，旨在向希望了解新兴技术行业领域或提升相关技能水平的新加坡公民提供对应课程（分初、中、高三级），使其掌握不同领域基本知识，并对未来可能的发展进行规划。目前该课程主要分为两类：一是针对应届毕业生的半工半读大专文凭（Work-Study Post-Diploma，WSPD）项目，为来自职业院校的应届毕业生提供对口的职业发展机会。二是专门为在职人员提供的12~18个月结构化培训，以提高劳动者工作技能。另外还有针对处于职业中期的劳动者的专业人员转业计划（Professional Conversion Programme，PCP）。该计划专门面向有转业计划的专业人员，比如经理、行政人员和技术人员等。专业人员转业计划的目标是辅助劳动者获取转换职业所需要的新技能，主要集中于数字经济相关领域。

（3）技能培训经济资助。新加坡政府为激励公民参与培训项目，提高技能水平，针对不同群体实施不同的经济资助计划：精深技能培训补助（Skills Future Credit，SFC）是面向全体公民的政府补助。项目鼓励25岁及以上的新加坡人持续掌握技能，坚持终身学习。项目为符合条件的公民建立个人技能培训补助账户和首笔价值500新元的培训期初抵免额。精深技能职业中期加强补贴（Skills Future Mid-Career Enhanced Subsidy，SFMCES）则专门鼓励40岁及以上的公民养成终身学习习惯以适应不断变化的工作场所需求。符合条件的项目参与者可获得高达总学费90%的课程补贴。精深技能资格奖则鼓励劳动者获得劳动力技能资格证书的全部资格以具备全面而强大的工作技能，从而有能力不断探索新的就业机会，实现良好的职业发展。符合条件的公民有资格获得1 000新元的现金奖励。精深技能进修奖则面向处于职业生涯早期的劳动者。对有志于深化关键领域技能，或者已经具备深厚专业技能但有意愿发展其他技能的劳动者，政府鼓励其获得适应多种环境的就业能力，该奖项提供5 000新元的现金奖励。精深技能专才奖旨在激励掌握精湛技能，并且在指导未来人才发展的相关项目中有贡献的新加坡公民，获奖者可获得10 000新元的奖金。

5.3.2.3 面向企业雇主和市场培训机构的计划

新加坡面向企业雇主的计划包括企业领导个人发展、中高层专业人员配置和企业员工发展指导三个类别，分别对应领导力发展计划（Skills Future Leadership Development Initiative，SFLDI）、未来技能 P-Max 计划（Skills Future P-Max Programme，SFPMP）和未来技能导师计划（Skills Future Mentors，SFM）三个子计划。领导力发展计划旨在支持有理想、有抱负的领导层学习管理和领导方面的知识；未来技能 P-Max 计划旨在帮助管理经验不足的中小企业更好地开展中高层专业人员配置工作；而未来技能导师计划则针对具有创新活力的中小企业专门建立导师群，一对一协助目标企业提升其员工技能。

新加坡政府高度关注市场培训机构对劳动力技能供给质量的提高作用，鼓励培训机构具备国际和前瞻性视野，基于创新驱动设计职业技能培训计划。精深技能发展局推出了培训和成人教育领域转型计划（Training and Adult Education Sector Transformation Plan，TAESTP）与创新学习 2020 计划。培训和成人教育领域转型计划旨在提高市场培训机构提供的服务质量，并根据国家发展情况提出培训与成人教育行业的重点领域和发展建议。创新学习 2020 计划则由理念、人才、协作、智力和技术五个要素组成，旨在创建一个新的学习生态系统，通过混合学习方式（适当的课堂学习＋电子学习工具＋工作场所学习），提高培训机构的工作效率。

5.3.2.4 面向全体公民的计划

新加坡政府高度重视提高国民人力资本水平，以适应数字化时代变革。数字化工作场所的技能培训（Skills Future for Digital Work Place，SFDWP）、个人资源库（My Skills Future，MSF）和职业技能框架（Skills Framework，SF）均是针对新加坡全体公民的职业技能培训计划。

（1）数字化工作场所的技能培训。该计划主要内容为设立数字化工作场景，训练劳动者的思维方式，使之能够体会数字经济中的工作环境，进而胜任类似高技术含量的工作。计划还可以帮助信息渠道有限的公民及时了解新兴技术及其对自己工作的影响，并训练劳动者针对变革、创新的适应能力。

（2）个人资源库。个人资源库是一个门户网站，不同年龄段的劳动者可以通过该网站获取行业信息以及相关在线培训课程。劳动者能够有针对性地选择培训课程,提高技能水平,获得职业发展。个人资源库也为培养新加坡公民终身学习习惯提供了入口。

(3) 职业技能框架。目前,精深技能发展局已在 30 多个领域推出成形的技能框架,其主要目的是为劳动者、雇主和培训机构创建通用的技能语言。同时,该框架也为新加坡公民提供了有关产业部门、职业生涯路径、职业(工作)角色及其所需的关键技能、技能升级所需的培训计划列表等信息。

5.3.3　"技能创前程"计划的特点

"技能创前程"计划自 2014 年推出以来,经过了多层次、多方面的完善和修订,对优化在校生的职业指引、提高在职培训参与质量、增加雇主对技能培训水平的认可度、提升全体公民基本技能水平,以及完善整个国家终身职业教育制度建设和推广终身学习氛围,都发挥了极大的作用。其政策特点总结如下。

5.3.3.1　劳、资、政多方合作参与

在政府牵头组织下,SF 计划同时包含了劳、资、政三方机构、组织或个人代表,确保了项目运行的组织保障和对各方利益的合理关切。SF 计划实施初期先成立了由副总理担任委员会主席的"技能创前程"委员会,之后政府又专门设立了直接下属于教育部的精深技能发展局负责统筹规划和推动落实。目前,新加坡 SF 计划已形成了精深技能发展局、新加坡劳动力发展局和劳动力技能资格体系三方主导的管理体系。SF 计划除了国家层面的劳、资、政多方合作参与(委员会成员包括人力部、贸工部、劳动部、教育部等相关政府部门以及产业界、教育和培训机构的代表),所有主要行业都成立了劳资政委员会,且每个行业都有政府相关的几个机构参与,由政府指定一个机构牵头,主导这个行业技能框架的制定以及职业技能水平的培养。SF 计划积极吸纳来自不同层面、不同行业、不同组织的代表,为各方获取信息的对称性、时效性,计划实施的组织度、覆盖面和有效性,培训成果的社会接纳程度均提供了有效保障。

5.3.3.2 "政府投入、社会捐赠"的筹资模式

SF 计划提出了多个雄心勃勃的目标，其资金来源自然成为重点问题。2015 年 2 月，SF 计划获得国会预算批准，从 2015 年起至 2020 年，政府平均每年投入 10 亿新元支持 SF 计划项目。同时，政府还为"全国生产力基金"注资 15 亿新元，以配合 SF 计划的其他动议。筹集的经费将用于设计培训课程、推广培训计划，以及落实各种专才奖、进修奖、雇主奖等激励机制。持续的经费投入一方面不断提高培训计划的质量，更新培训课程；另一方面则通过每年的奖金和补助计划激励公民参与培训，提高全体公民的技能水平。新加坡政府为 SF 计划的实施提供了持续和稳定的资金支持，确保计划项目顺利施行。2014 年 11 月，为庆祝 2015 年新加坡独立 50 周年，新加坡政府设立了"技能创前程金禧基金"。基金计划筹资 3 000 万新元，鼓励雇主与工会捐款，政府则以 1∶1 的比例对基金注资。通过以政府投入为主、社会捐赠为辅的融资模式，SF 计划扩展了资金池，提高了社会参与程度。

5.3.3.3 面向职业需求与发展的技能框架

职业技能框架是行业转型和职业资格认定的一个重要指导。每个行业的技能框架由雇主、工业协会、工会和政府为新加坡劳动者共同创建。以信息通信技术行业技能框架为例，框架由新加坡精深技能发展局、劳动力发展局、信息通信媒体发展管理局和新加坡网络安全机构共同开发。该技能框架依据政府收集的市场需求动态信息，给出一些本行业关键数据的统计和预测，如 2017—2019 年新加坡信息通信技术行业人才需求为 4.23 万人等。框架还设定了行业所需要的相关技能和技能水平的具体要求。职业技能框架的构建主要有以下作用：为在校学生职业选择提供指导；为家长、教师和职业顾问提供行业和工作信息（包括工作范围、工作背景和工作属性等），使其有能力向学生提供相关建议；为在职人员提供工作信息，有助于劳动者评估个人职业发展路径、进入或转行所需职业/工作角色的要求，进而选择合适的培训计划；为雇主创建全面的技能框架以及培训路线图提供指导，以加强企业组织能力，发展员工和提高工作绩效；为培训机构提供行业信息，使其能更深入地了解行业趋势以及社会现有或新兴的技能需求，进而更新课程设计和培训计划，以更好地适应雇

主、学生或在职员工的需求。技能框架是信息层面链接社会各个经济主体以及各个子计划的基本框架和标准，在 SF 计划体系中处于核心地位。

5.3.3.4　平台式的个人资源库

个人资源库的主要服务对象是 12 岁及以上的学生和在职员工。资源库为每个符合条件的新加坡公民创建个人账户，账户记录个人培训认证、工作经验以及技能等资料并终身跟随用户；资源库提供专业的自我评估与职业规划工具，使公民有能力发掘自己的天赋和工作倾向，并通过资源库和技能框架查找适合自己的职业发展路径和对应的培训课程；资源库同时提供全国职业库的直通链接，使用户可以查找全国范围内最新的就业机会。雇主可以利用其个人资源库查找适合的培训资料，供其设计企业内部的培训课程。资源库也为培训机构提供了推广旗下课程的平台。一站式个人资源库为各个经济主体搭建了一个信息查询、获取和记录的平台。平台整合了职业规划测试、工作查找、职业培训课程搜索或推介等多类功能，满足了各类用户对职业技能方面的多样化需求，为公民就业指导和职业发展提供了有效的平台保障。

5.3.3.5　多路径整合优质的教学资源

截至 2017 年 11 月，SF 计划共推出了 2.3 万门技能培训相关课程，其教学资源来源于以下几大类：由新加坡劳动力发展机构资助的课程；由教育部资助，工艺教育学院、理工学院和自治大学开办的课程；公共机构支持的课程；由人民协会提供的课程；由新加坡信息通信媒体发展管理局指定的银发族资信站开设的课程；由全国乐龄学苑选择开设的课程。SF 计划的教学资源来源多样，且涵盖了不同年龄层次的不同需求。课程学习的形式也大多根据学习者的需要开展，呈现多样化趋势，包括适合在职员工的线上线下混合学习课程，适合在校生的全线下课程，以及面向全体公民的线上课程等。对于特殊人群如老年人和弱势群体，以及特殊技能如音乐、艺术等，SF 计划均有针对性地组织相应的机构开展培训课程。同时，精深技能发展局还通过与五个社区理事会（民众俱乐部）合作，在社区层面推进民众开展技能课程的学习。通过整合各个方面的教学资源，SF 计划为不同群体提供了全方位、多样化的技能培训课程。

5.3.3.6 配套设计调动各主体参与的激励机制

为确保项目普及率，提高各个主体的参与热情，政府从利益相关方出发设计了一系列的配套制度，其中以推动各方参与的激励机制尤为典型。机制分为雇主、员工和公民激励三类。雇主的激励主要基于技能发展基金，通过对技能发展基金方面的投资来激励雇主进行员工培训；员工个人技能的培训激励主要是来自政府的资助，即政府直接向公民的个人技能储蓄户头拨款；而公民全体的劳动力发展策略项目则包括政府支持的技能深造计划以及新技能计划。为提高 SF 计划的参与率，新加坡政府向各个主体提供了大量直接和间接激励。[39]

5.3.3.7 提供劳动者急需的数字技能

随着数字技术的不断发展，各种新设备、新产品被用于产品生产和销售，改变了企业的运营方式。相对地，为全社会的劳动者提供基本的数字技能培训，以支持企业数字化转型成为关键。为此，精深技能发展局推出了数字化工作场所的技能培训课程。课程旨在培训员工具备基本的数字技能，帮助他们破除对数字产品的陌生感，建立数字自信。例如，全国出租车协会（National Taxi Association）和 ComfortDelGro 出租车公司共同合作，为近 1 万名出租车司机进行培训，使他们掌握基本的数字技能，比如使用电子支付应用程序。另一项计划是精深技能系列课程，其中关于数据分析和技术支持服务的短期模块课程受到各个年龄阶段劳动者的广泛欢迎。

5.4 欧洲技能议程

在快速变化的全球经济中，技能将在很大程度上决定竞争力和推动创新的能力，这是吸引投资的因素，也是创造工作岗位和促进良性循环的催化剂。此外，新冠疫情的暴发也给欧洲的经济和社会造成了重要影响。一方面，疫情加速了数字转型，虽然远程办公和学习已经成为欧盟数百万人的生活现实，但其数字技能的局限性也充分暴露出来。疫情加剧了已经存在的数字技能差距，导致新的不平等现象出现。另一方面，疫情还严重影响了欧盟的就业。部分行业企业经营困难，大量裁员，也使得经济严重依赖这些行业的国家和地区面临更大的复苏困难。

为了应对各种挑战，帮助公民掌握正确的技能，胜任高质量的工作，应对生活的风险，欧盟在 2016 年和 2020 年分别提出《欧洲新技能议程》和《欧洲技能议程（2020）》两项技能政策。通过对这两项政策进行梳理，我们发现其内容主要涉及改善技能情报和信息、提高技能质量和相关性、改进技能认证和吸引多方资金投入技能开发四个方面。

5.4.1　改善技能情报和信息

《欧洲新技能议程》提出，为了帮助人们做出明智的职业和学习选择，欧盟委员会将修订欧洲通行证框架。新欧洲通行证将建立一个在线工具为人们提供更广泛的服务，如技能和职业资格的建立生成器工具，欧洲技能和资格的自我评价工具和信息，制定开放标准以更易于信息、技能和资格的认可等。新欧洲通行证将运用欧盟"技能全景"（Skills Panorama）中的数据进行信息采集和大数据分析，为人们在职业发展和学习的选择方面提供准确、及时的信息。此外，为了帮助学生和教育提供者评估学习课程的相关性，欧盟委员会计划提出一项关于高等教育毕业生跟踪的倡议，以支持成员国改善毕业生在劳动力市场上进展的信息，这可以使毕业生对所受高等教育的优点和不足提出反馈建议，为未来学生及其家庭做出学习选择提供信息和指南。

2020 年，欧盟再次强调了确保人们能够获得当前或未来工作所需要的技能的第一步是关于技能需求的最新数据信息，并提出除了毕业生跟踪调查和行政数据匹配，还可以利用人工智能和大数据分析。人工智能和大数据分析可以根据特定的技能要求，应用于定义不同行业的新工作介绍。欧洲职业培训开发中心一直在尝试使用大数据分析，通过在线招聘广告来识别市场技能需求，而欧盟部门技能合作蓝图（Blueprint for Sector Skills Cooperation）一直在调查关键部门的技能需求。为了进一步加强和传播技能情报，欧盟委员会宣布：支持开发新的和深化技能情报，包括在区域和部门一级；在欧洲职业培训开发中心大数据分析试点的基础上，创建一个永久性的在线工具，发布实时信息，以

074 \ 走向技能型社会——公共职业技能培训共建共享

便所有感兴趣的利益相关者都能使用它；探索利用私营就业门户网站和国家技能情报的合作关系；通过技能公约，加强欧洲研究区域协同，集中和广泛传播技能情报；促进社会伙伴参与劳动力市场预测和确定开发技能智力的培训需求；鼓励公共就业服务网络促进早期识别与就业机会增长相关的技能短缺和趋势，包括更好地利用欧盟内部人员流动和第三国移民的潜力；在欧洲通（Europass）中，为人们提供管理学习和职业的平台，根据个人需求提供技能情报信息。这些措施将有助于个人的学习、培训和工作选择，并协助顾问和导师特别是公共就业服务部门的顾问和导师更好地开展工作。

5.4.2 提高技能质量和相关性

《欧洲技能议程（2020）》认为，职业技能不仅仅是特殊的工作技能，培养阅读、写作、计算等日常生活中的基本技能对提高劳动者技能水平也有重要作用。对这些基础技能进行更新，以适应时代发展也成为技能培训的重要内容。

5.4.2.1 提升基础、横向、创新和生活技能

《欧洲新技能议程》认为，欧洲面临着基本技能的挑战。人们需要最起码的基本技能，包括计算、识字和基本数字技能，才能充分参与社会活动，获得良好的工作，这也是进一步学习和促进职业发展的前提。2016 年，大约 1/4 的欧洲成年人在阅读和写作方面有困难，算术和数字技能也较差。欧盟有超过 6 500 万人没有获得相应的高中水平的资格证书。为改善欧洲低技能人员的就业机会，成员国应通过与社会伙伴、教育和培训提供者以及地方和国家当局合作建立技能保障机制，开发技能提升途径。2016 年，欧盟委员会建议建立技能保障机制，以提供技能评估，使低技能成年人能够确定他们现有的技能和提高技能的需求；同时，针对个人和当地劳动力市场的具体需求设计一个学习项目，并提供让他们的技能得到验证和认可的机会。

除了提升个人读写能力、计算能力和语言能力等基础能力，对于横向技能和关键能力，如数字能力、创业精神、批判性思维、解决问题能力以及金融素养等的培养是推动创造力和创新所必需的。这些技能能够使人们在快速发展的工作场所和社会中成长，并应对复杂环境和不确定性。虽然一些成员国已采取

步骤将它们纳入课程，但仍有不少国家还未采取行动。欧盟委员会将与利益相关方进一步合作，开发评估和验证这些能力的工具。这些工具将使公共和私营机构改善对青年人、求职者的培训和指导服务。欧盟委员会还将支持欧盟国家、行业、教育和培训机构帮助年轻人获得创业能力，帮助他们建立自己的企业。为了帮助更多的人获得一套核心技能，欧盟委员会启动了对关键能力框架的修订，目标是发展对关键能力的共同理解，并进一步促进其在教育和培训课程中的引入，修订还将为更好地发展和评估这些技能提供支持。

《欧洲技能议程（2020）》提出，可以通过增加理工科（STEM）毕业生来培养创业和横向技能。为增加所需的理工科毕业生，欧盟委员会将提高理工科研究和职业的吸引力，采取行动加强理工科对女性的吸引力，并鼓励采用跨学科和创新的教学和学习方法；作为欧洲教育区域交流的一部分，教师引入活动能够帮助解决欧盟成员国和地区理工科教师短缺的问题；通过发展关键能力和评估框架等方式，在研究和创新行动中促进科学教育；与欧洲学校合作传播关于科学教育的研究成果；通过使用社会授权的门户网站，将来自不同欧洲国家的学校聚集在一起，特别是那些有开放学校文化经验的学校；与商业专业人员合作，促进中等和高等教育系统、教育和商业之间的综合框架和学习连续性，并进一步推行开放教育和基于研究的方法、竞赛以及公民科学。

为了培养创业技能，欧盟委员会将启动一项"欧洲创业技能行动"（European Action on Entrepreneurship Skills），重点是培养创业思维和更有弹性的劳动力。内容包括：利用和连接现有网络，为有抱负的企业家提供欧洲创业支持，为此创建了一个整合创业技能和合作机会的在线资源的知识平台；支持资助创业技能活动、企业家欧洲流动和系统使用欧洲创业能力框架（EntreComp）；在各级教育和培训中推广创业技能——从小学和中学教育，到职业教育和高等教育，为学生提供鼓励创业活动的知识和动机。

此外，新冠疫情的暴发和相关防控措施凸显了生活技能，以及社区适应、管理变化和相互关爱能力的重要性。复原力、媒体素养、公民能力、财务、环境和卫生素养等方面都是关键。因此，欧盟委员会将与成员国一道，为欧洲成人学习议程制定新的优先事项，以完善欧洲在教育和培训方面的新合作框架，并支持实现可持续发展目标。它的目标是建立全面、高质量和包容性的，面向所有人（包括老年人，特别是那些最需要获得学习机会的人）的成人学习系统，包括通过远程和在线学习。它将优先考虑非正式、终身、代际、跨文化和社区学习，并支持地方学习中心、图书馆以及社区共同努力，激励和帮助成年人学习，从而培养危机应变能力。

5.4.2.2 提高欧盟职业教育和培训的认可度

欧盟职业教育和培训的价值在于培养特定工作技能和横向技能，促进向就业过渡，并根据部门、区域和地方需求保持和更新劳动力的技能。尽管每年有超过 1 300 万学习者从事职业教育和培训，但一些成员国的预测表明，未来拥有职业教育和培训资格的人将会短缺。因为对于许多年轻人和他们的父母来说，职业教育和培训仍然是第二选择。此外，雇主与教育和培训机构之间的协调有时很困难。职业教育和培训需要通过提供高质量的服务和灵活的组织来增加其吸引力，帮助学员发展到更高的职业，并与工作建立更紧密的联系。

欧盟委员会将与成员国、社会伙伴、教育和培训提供者合作，通过以下方式支持实施关于质量和劳动力市场相关职业技能和资格的提升的行动：为学习者提供以工作为基础的学习经验；在保证现有职业教育质量和信用工具的基础上，结合在不同环境下获得的学习经验，并符合修订后的欧洲终身学习资格框架建议，为职业教育学员提供更多机会；支持通过培训提供者、研究机构和企业之间的合作关系，开发更高职业技术的培训机会，特别关注部门层面对更高水平技能的需求；改善关于职业教育和培训劳动力市场结果的数据的可用性；探索如何简化现有欧盟层面的职业技术培训部门治理，包括让职业培训咨询委员会发挥更明确的协调作用；启动第一届欧洲职业技术培训技能周，增加与世界技能组织的合作，以展示职业学习是一流的选择。

在《欧盟技能议程（2020）》中，欧盟委员会提到，如今欧盟大约一半的年轻学习者是职业教育和培训的学习者，并且越来越多的是更高层次的学习者，这要求欧盟提供灵活的、有弹性的、经得起考验的职业培训系统，它可以支持年轻人进入不断变化的劳动力市场，并帮助成年人获得根据绿色和数字转型量身定制的职业课程。该议程提出一个现代化的欧盟职业教育和培训政策愿景，旨在让年轻人和成年人具备在劳动力市场茁壮成长的技能，并支持绿色和数字转型，确保包容性和机会平等，使欧洲职业教育和培训成为技能发展的全球参考点；这一愿景的原则，包括更注重与其他教育部门的渗透，增加学习流动性，并与雇主密切合作。议程还提出将职业教育和培训推广为对女性和男性都有吸引力的选择，促进对弱势群体的包容；为职业技术培训体系设定目标，以提高基于工作的学习和流动机会的可用性，并提高职业毕业生的就业能力；提出一系列需要在欧盟层面实施的行动，以支持职业技术教育改革，特别是加强职业技术教育机构的数字化准备，包括与智能专业化战略、区域创新和增长战略相关的职业技术教育教师、学徒的培养和职业教育卓越中心的建设。

5.4.2.3　推出欧洲大学计划和提高科学家技能

高等教育是为学生提供未来所需技能的重要工具。大学产生先进的知识和技能，帮助社会创新，以应对重大挑战。它们赋予人们高水平技能，使他们能够推动自己的职业、社交和个人发展。研究人员处于科学和创新的前沿，需要一套特定的技能。

为了推广欧洲大学，欧盟委员会将与利益相关方和成员国密切合作，全面实施"伊拉斯谟＋"计划（2021—2027 年）和"地平线欧洲"（Horizon Europe）框架下的欧洲大学倡议，包括消除高等教育机构之间跨国合作的障碍、深化与经济运营商的合作等。特别是促进绿色和数字双转型，欧洲大学将为整个欧洲教育区和欧洲研究区高等教育机构的转型制定标准，使终身学习和人才流动成为现实。

借鉴"伊拉斯谟＋"和"地平线欧洲"试点的经验教训，为探讨研究和创新方面的选择，以帮助消除高等教育机构之间有效跨国合作的障碍，欧盟委员会将确定支持成员国行动的领域，探索获得"欧洲学位"的具体方法和欧洲大学章程（解决跨境法律问题）的可行性，以及建立欧洲认可和质量保证体系；与欧洲创新与技术研究院和其他欧洲研究领域相关倡议合作，将商业、教育和研究领域的领先组织聚集在一起，特别是通过与开展知识创新和创新教学的高等教育机构的合作，培养下一代创新者；通过测试一种新的随需应变的信息交换系统，满足公司的研究和创新需求，促进大学与企业合作，将学术界和产业界聚集在一起。

为了提高科学家的技能，欧盟委员会将与利益相关方和成员国密切合作，为研究人员制定欧洲能力框架，并为研究人员开发一套核心技能；为研究人员定义技能分类，并与成员国商定一套指标体系，以便进行监测和统计分析；为研究人员开发开放科学和科学管理课程。

5.4.2.4 建立数字技能和就业联盟

欧盟委员会正在启动数字技能和就业联盟，以开发一个庞大的数字人才库，确保欧洲的个人和劳动力具备足够的数字技能。在成员国设定的目标的基础上，制定全面的国家数字技能战略。包括建立国家数字技能联盟，将政府、企业、教育、培训和劳动力市场利益相关方联系起来；制定具体措施，将数字技能和能力引入各级教育和培训，支持教师和教育工作者，并促进企业和其他组织的积极参与；召集成员国和包括社会伙伴在内的利益相关方承诺采取行动，并确定和分享最佳做法，以便更容易复制和推广这些做法。最后，欧盟委员会将通过欧盟数字化进展报告每年监测进展情况。

公共和私营机构和组织已经发起了许多促进技能的部门和区域倡议，但这些项目往往是零散的，对教育和培训系统的影响有限。这就是为什么包括社会伙伴在内的业界动员对于解决方案的设计和实施是必不可少的。因此，需要一种战略办法来处理明确界定的市场和部门技能需求。

为了确保产生具有实际影响的长期成果，部门技能合作可以有效地与有关部门的增长战略相联系，并得到欧盟及其成员国和区域各级政治承诺和利益相关方参与的支持。为了提高技能智力和解决经济部门的技能短缺问题，欧盟委员会正在启动一项技能部门合作蓝图。它将有助于动员和协调关键参与者，鼓励私人投资，并促进对相关欧盟国家资助计划的战略利用。

《欧洲技能议程（2020）》中也着重强调了提升数字技能的重要性。新冠疫情对生活和经济的影响凸显了数字化在欧盟经济和社会所有领域的重要性。事实上，在疫情防控期间，几乎40％的员工开始远程办公。2005—2016年间，数字密集型行业创造了40％的新工作机会。然而，对数字专家的快速增长需求却无法满足。例如，网络安全领域的专业人才缺口为29.1万人。

欧盟委员会将支持所有人掌握数字技能，特别是通过支持在教育和培训系统（包括远程教育）中发展强大的数字能力和组织能力，同时充分利用新兴技术、数据、内容、工具使教育和培训适应数字化时代的要求；实施"数字欧洲"计划，旨在建设欧盟的战略数字能力，加强在超级计算、人工智能、网络安全和高级数字技能发展方面的投资；支持中小企业的数字化速成课程和数字化志愿者项目，以提高数字领域现有劳动力的技能。欧盟委员会还将支持和连接中小企业中介机构，如集群、欧洲企业网络和数字创新中心，以帮助提高中小企业员工的技能；支持欧盟信息和通信技术短期培训，解决信息和通信技术技能人才短缺问题，重点关注性别平等参与。

随着绿色和数字的双重转型，除了提升数字技能，还需要懂得如何进行绿色思考和行动。为适应绿色转型，欧盟开发出一套核心的绿色技能，对工作场所绿色化进行统计监测；与成员国商定一套指标，以便对绿色技能发展情况进行监测和统计分析；就气候变化、环境问题、清洁能源转型和可持续发展制定欧洲能力框架，其中将阐明不同级别的绿色能力；支持为劳动力市场开发一套核心绿色技能，以指导整个经济体的培训，培养注重气候、环境和健康的专业人士和绿色经济经营者，并将环境和气候因素纳入学校、高等教育、职业教育培训以及专业培训。

5.4.2.5　战略性国家技能提升行动

欧盟国家技能战略以全政府的方式设计和实施，使就业、教育、研究、产业和区域发展政策的努力协调一致。这涉及社会伙伴、民间社会、教育、培训和劳动力市场利益相关方，并以现有的国家技能战略为基础。因此，欧盟倡导战略性国家技能提升行动，支持所有成员国制定全面的国家技能战略，这将建立在成员国与经合组织已经开展的工作以及成员国现有的其他技能战略的基础上。欧盟委员会将在需要时支持制定或审查战略，并帮助监测执行国家技能战略的进展。欧盟还鼓励打破性别和其他歧视。欧盟委员会将与欧洲公共就业服务网络（European Network of Public Employment Services）合作，开展同侪学习活动，以突出劳动力市场所需的技能，特别是针对失业者和从事短期工作的工人。活动将侧重于指导服务的提供，包括为就业人员特别是弱势群体提供指导服务，以缩小他们的技能差距，特别是数字技能差距。通过出台《欧洲移民与难民庇护公约》，欧盟将致力于完善人才引入的法律途径，包括重新启动关于蓝卡指令的谈判。该公约还将提供可信的合法移民地点，作为与第三国建立新的人才伙伴关系的一部分，并探讨新的合法移民文书，以吸引高技能工人。

5.4.3　改进技能认证

欧盟作为多个国家的联盟，不同地区的语言、文化、教育和经济发展水平差异较大。因此，打造技能认证体系，让不同国家和地区的认证结果具有可比性至关重要。

5.4.3.1　提高资格的透明度和可比性

2016 年 1 月，欧盟开发了第一个全欧盟范围内的职业资格认证电子程序（欧洲职业卡）。此外，欧洲资格框架 （European Qualifications Framework，EQF）的建立也使得人们在获得资格证书时更容易理解和比较实际学习的内容。一些非欧洲国家已表示对欧洲资格框架感兴趣，以使它们的资格可以与欧洲国家的资格进行比较。这将有助于吸引欧盟以外的高技能研究人员和专业人员，以确保欧盟经济所需的技能；反之，这也将使欧盟的研究人员和专业人员更容易在欧盟以外工作。

为了让人们更容易理解资格和相关技能，并更好地在欧盟劳动力市场使用这些技能，欧盟委员会提出了一项修订欧洲资格框架的建议：支持定期更新国家资格制度；确保具备教育质量标准水平的资格以共同的质量保证原则为基础；确保当欧洲资格框架级别的资格是建立在学分基础上时，使用学分体系的共同原则；鼓励社会合作伙伴、公共就业服务机构、教育提供者和公共当局使用欧洲资格框架，以支持透明度和资格比较；根据欧盟的国际协议，促进资格框架涵盖的国家与其他国家（特别是邻近国家和其他具备成熟资格框架的国家）的资格具有可比性。

2020 年，欧盟委员会提出一项新的倡议，以支持提高全欧盟微证书的质量、透明度和普及程度。特别是，它将与所有利益相关方（公共或私人教育和培训提供者、社会合作伙伴、商会、雇主）一起制定符合质量和透明度最低要求的欧洲标准。这将建立对欧盟微证书的信任，并促进它们的可移植性和在整个欧盟的认可。欧盟还推动与国家资质机构对话，探讨将微证书纳入资格框架，让个人更容易存储通过欧洲通及其数字证书获得的微证书。与技能议程共同推出的新欧洲通已经成为欧盟的在线工具，帮助人们有效地交流他们的技能和资格，并主动引导他们找到工作或学习机会。它为学习者、工人和求职者提供所有欧盟官方语言的免费工具和信息，以管理他们职业生涯和学习的每个阶段。

新欧洲通平台将支持人们在快速变化的劳动力市场中管理自己的职业生涯：指导使用者评估和描述他们的技能，并将他们的资格和经验传达给培训机构和雇主，以便他们进行下一步的培训或工作；向欧洲通用户提供相关工作和学习机会；在计划转换职业或移居另一个国家时，利用技能智能为用户提供关于技能趋势和需求的定制信息；使教育和培训机构能够以"欧洲通数字证书"的全欧洲数字格式向学员颁发数字文凭和证书，鼓励更容易的识别；支持认证的"快速通道"，通过支持雇主和培训提供者的资格自动认证，减少行政负担和欺诈。

5.4.3.2　对移民技能和资格的早期分析

对许多欧盟国家来说，了解新移民的技能、资格和专业经验是一项挑战。通过欧洲通、欧洲资格框架以及成员国和主管当局之间的同行学习和交流开发的工具，可以支持移民的技能分析和融合。尽早确定移民的技能有助于帮助他们融入东道国社会和劳动力市场。这包括将他们介绍到适当的培训（包括语言培训、商业培训或欧洲学徒联盟提供的学徒培训）或就业服务中心。

为了更快地整合移民，欧盟将推出"第三国国民技能概况工具"，该工具将协助接受国和东道国的服务部门查明和记录新到的第三国国民的技能、资格和经验；与成员国合作，支持对移民（包括难民）技能和资格的承认，加强对接待设施工作人员的培训，以加快承认程序，促进对理解和认可技能和资格方面的信息和最佳做法的分享；通过"伊拉斯谟+"在线语言支持为包括难民在内的新移民提供在线语言学习。

5.4.3.3　主动建立个人学习账户

缺乏培训时间、缺乏培训成本以及缺乏对培训需求或培训机会的认识，都是提高技能的重要障碍。对培训人员的直接激励，如建立个人学习账户，可以使终身学习成为现实。个人学习账户可以提供资金，帮助成员适应工作中不断变化的技能需求。个人学习账户可以确保培训津贴从一个工作转移到另一个工作。引入个人学习账户可以与指导和验证系统的显著改进以及培训质量和透明度的提高相结合。

根据国家层面的战略选择，每个国家对个人学习账户的融资是不同的。例如，法国主要通过雇主税获得资金，而荷兰则设想使用公共资金。在研究这些账户时，欧盟委员会将涵盖这一核心要素，并特别注意确保它适合中小企业。

个人学习账户还可以确保在经济低迷时期有足够的培训资金。政府允许个人在较长时期内积累培训津贴，以便他们可以在经济活动低迷时期使用这些津贴。例如，在短期工作期间，他们有更多的时间接受培训，这可以防止由于非自愿的不工作而导致的技能贬值，并帮助个人获得进行成功的工作转换所需的技能。

欧盟还将评估哪些服务和因素可以支持个人学习账户，包括培训机会质量的指导、验证和透明度，以及教育或培训休假条款。在工作中，欧盟将与成员国、社会伙伴和所有利益相关方进行广泛磋商。

5.4.4　吸引多方资金投入技能开发

实施技能议程，需要大量调动私人和公共部门在技能方面的投资，以确保在欧盟、国家、地区和地方各层面开展各种行动。为鼓励对技能的投资，欧盟将改进财政框架以促进建设更具抗逆力的社会，支持人力资本和技能的改革和投资，同时保障财政的可持续性；设法加强大公司对人力资本的报告，包括关于雇员技能发展的报告，并提高公司人力资本支出透明度；与各成员国统计部门合作，就公共和私人对成人技能的投资进行统计，包括开发"附属账户"，以提高国民账户和预算中技能报告的透明度；评估能够引发技能追加投资的新融资机制，拟议的追加投资预计有可能为技能、教育和培训活动提供资金；与欧洲投资银行和其他执行伙伴一道，探讨可能促进技能投资的创新金融机制，以促进技能投资。

5.5　国外经验对我国的启示

劳动者素质的提升、技能水平的提高对企业的发展和国家整体竞争力的提升有着至关重要的作用。通过对澳大利亚、新加坡、英国、欧盟等国家和地区公共职业技能培训做法的研究可知，高素质的劳动力资源得益于完善的教育培训体系和法规体系，以及政府、企业、行业、工会、劳动者个人等各方面的投入和支持。

5.5.1　政府对公共培训机构的大力支持

职业培训本身具有准公共产品的性质，劳动者素质的提升带来的不仅仅是个人收入的提高，还会影响企业的经济效益、产品质量，进而影响整个国家经济发展和工业化进程。因此，政府有必要也必须参与到技能人才培养的过程中来。英国政府出资，鼓励学院、私立培训机构和企业共同成立职业优异中心，着眼于企业对技能的需求，专门负责开发高质量的课程，增强培训的供给能力。同时，加强对公共职业培训的规范。公共职业培训应遵循四个原则：一是以雇主和学习者的需求为导向；二是根据产业、区域和地区的发展规划战略，按技能需求来构建培训系统；三是充分利用现代化技术手段进行教学，并对培训效果进行评估；四是给予培训机构最大的自主权，及时调整课程设置来适应市场的需求。

5.5.2　统一的国家培训框架

澳大利亚建立了国家培训框架体系，由澳大利亚质量培训框架、培训包和澳大利亚资格框架三个部分构成。为使职业教育满足行业需求，政府建立国家培训质量委员会，以管理澳大利亚资格框架中的国家能力标准开发；政府建立国家承认的体系，包括课程改革、证书等级、行业关系等；政府鼓励并资助建立行业咨询委员会，就能力标准和未来的能力需求提出建议。英国政府在学徒培养方面也制定了统一标准。英国由商务、创新与技能部（BIS），教育部，国家学徒制培训服务中心和技能资助局等几个政府部门与机构联合，共同制定了《英格兰学徒培训的规格标准》，它是英国现代学徒制培训的最基本标准，而且具有法律约束力。

5.5.3　高效的培训服务支持网络

培训信息的发布、培训内容的选择、培训机构的考核审查和评级、培训结果的鉴定标准等都对培训的质量和效果有重大影响。欧盟提出改善技能和信息，以便劳动者更好地选择职业，比如修订欧洲通框架，建立一个直观、无缝的在线服务平台用于记录和分享有关技能和资格的信息，并提供免费的自我评估工具。在"技能创前程"计划下，新加坡设立个人化的学习档案，最小的用户将是小学五年级学生。同时推出一站式在线教育门户网站——个人资源库，通过在线心理测量和技能库评估工具，帮助用户了解他们的工作兴趣、职业价值以及当前技能水平与行业标准之间存在的差距。与此同时，智能推送工作匹配和技能培训信息，以帮助公民做出更明智的职业决策，并且提高他们的职业适应能力。

5.5.4　多元参与、共建共享的培训格局

职业技能培训不仅仅是为了解决就业，更是促进全社会人力资源的开发、实现人的全面发展的重要举措。因此，仅政府一方投入远远不够，需要形成多元投入、共促技能提升的局面。比如新加坡"技能创前程"计划能够实施，依赖的是政府主导、社会辅助的多元化财政支持。而其能够取得成效，则依托于各个子项目对不同身份、不同领域学员的资金补贴和奖励。例如"技能创前程金禧基金"，鼓励雇主与工会捐款，政府则以 1∶1 的比例注资。英国现代学徒制则是政府、学校、行业、企业都会参与。一方面，每个企业每年至少要付出工资总额的 1% 作为校企合作的实训基地培训费用；另一方面，如果企业接受学生实习或与学校合作建设实训基地，则可以获得税收减免。

5.5.5　纵向贯通、横向可比的技能资格体系

新加坡劳动力技能资格体系是集培训、开发、评估于一体的国家认证体系，以能力水平为基础，既提供特定工作所需的技能和能力培训，也提供基础

技能和能力培训，学员结业后能获得相应文凭和资格证明。澳大利亚也建立了资格框架，在普通中学、职业教育培训机构和高等教育等各个不同教育层次授予国家统一认可的资格。欧盟层面也在致力于提高资格的透明度和可比性。欧盟第 2005/36/EC 号指令促进了专业资格的相互承认，该指令为五种职业提供了首个全欧盟范围内的职业资格认证电子程序（欧洲职业卡）。同时建立了欧洲终身学习资格框架，使人们在获得资格证书的同时更容易理解和比较学习成果。

第6篇 /

推动公共职业技能培训共建共享的
政策思路与建议

　　我国公共职业技能培训共建共享经过近十年的发展，已经形成基本的政策框架、培训体系和发展方向。各省（自治区、直辖市）也在摸索建设具有地方特色的公共职业技能培训共建共享过程中发展出了一些行之有效的做法。本书编者在总结国内外相关研究和实践成果后，对我国公共职业技能培训共建共享进一步发展提出了对应政策建议，以供读者参考。本篇包括公共职业技能培训共建共享的指导思想、公共职业技能培训共建的对策建议、公共职业技能培训共享的对策建议三个部分。

6.1　公共职业技能培训共建共享的指导思想

　　公共职业技能培训共建共享的指导思想是：全面贯彻党的二十大精神，深入学习贯彻习近平总书记对技能人才培养的重要指示及全国职业教育工作会议精神，坚持提高质量、促进就业、服务发展，从适应经济社会转型发展和劳动力市场供需结构变化、提高劳动者技能水平、促进劳动者全面发展的总体客观要求出发，全面落实国家发展改革委《关于提升公共职业技能培训基础能力的指导意见》和《关于推动公共实训基地共建共享的指导意见》，充分借鉴发达国家或地区的经验，完善公共职业技能培训的政策保障机制。针对产权归属、权责界定、成本共担、信息共享、师资流动等进一步完善交流、协调、管理和监督机制。搭建技能人才成长发展平台，建立覆盖对象广泛、管理运作规范、保障措施完善的公共职业技能培训工作新机制，全力推动技能人才队伍的发展壮大、结构优化和整体素质的提升，为增强产业链供应链自主可控能力奠定坚实的技能人才基础。

6.2 公共职业技能培训共建的对策建议

公共职业技能培训机构共建必须坚持政府、行业企业、学校、社会团体、个人等主体多元投入的原则，摒弃传统的单一主体投入模式，构成各方利益共同体，建立和完善政府统筹、产业引导、行业推进、企业和职业院校自主、民间力量广泛参与的多元化公共职业技能培训体系。在资源上各取所需，在利益上互利共生，实现投入共建、过程共管、人才共育、风险共担、利益共享的公共职业技能培训机构共建新模式。为此，政府应重视顶层设计，加强宏观调控，建立健全公共职业技能培训机构共建保障机制。

6.2.1 加强统筹规划，完善公共职业技能培训机构共建管理机制

在公共职业技能培训机构布局规划方面，要做好充分的调研，围绕区域产业发展对技能人才的需求，邀请企业、行业、院校共同参与机构建设开发，了解服务对象（主要是行业、企业）的真实需求。统筹考虑区域内培训资源分布情况，采取合理有效的建设模式，不盲目投资，也不重复投资。不仅要做好场地建设、设备采购方面的规划，还要注重训练课程、师资等配套资源的建设规划。尤其是那些定位在"高""新"的项目，课程、师资等配套资源建设尤其

重要。

除此之外，在机构建设方面，还存在部门之间统筹协调的问题。在机构建设前，应由人社、教育、财政、发改等部门联合成立"公共职业技能培训机构建设规划协调小组"，在多方合作的情况下，统筹考虑公共职业技能培训机构的建设问题。在公共职业技能培训机构建设之前必须明确以下五个方面：

第一，当地企业及产业发展对技能人才的需求状况，包括需求的状况和专业工种。

第二，当地现有培训机构的培训能力，包括师资情况、专业设置情况、年培训鉴定人次。

第三，对技能人才的需求与现有培训能力之间的缺口如何，包括数量、技能等级、专业等。

第四，根据地方政策财政能力、技能人才缺口、现有培训状况等综合分析建设公共职业技能培训机构的必要性和可行性。

第五，做好公共职业技能培训机构的规划，包括资金来源、专业设置、设备购置、场地建设、课程设置、师资配套等方面。

6.2.2 构建公共职业技能培训云服务体系，形成政府主导、社会力量参与的多中心供给系统

要进一步加强技能培训力度，逐步建立公共职业技能培训"云服务体系"，形成政府引导、社会力量共同参与的多中心供给系统。该系统由三个部分构成：一是政府主导建设的公共实训基地服务网络，这是一个紧密耦合、面向全社会开放的服务系统；二是政府牵头、整合现有公共资源建设的以公办职业院校实训基地为补充的培训服务网络，这是一个松散耦合、主要实现区域内开放的服务系统；三是政府引导、重点扶植社会力量参与的培训服务网络，这是一个完全松散耦合、面向行业内开放的服务系统。

公共实训基地网络是由政府主导建设的云服务网络系统。以深圳市的公共实训基地网络为例，由市级和区级两种主要类型的公共实训基地构成，两种基地之间通过优势互补、紧密耦合、分工协作对全社会开放。市级公共实训基地网络具有以高技能人才为主的公共实训功能，基企、基校合作拓展与产业创新

服务功能，以及就业创业服务功能三大核心功能，同时还具备常态化的调研预测功能、终身技能提升与个人发展服务功能、技术创新与成果展示转化功能等。区级公共实训基地有三大功能：一是根据区域集群产业的发展需求，建设区域性的技能人才培训基地，构建服务区域集群产业的中高端技能人才培训网络；二是针对各街道户籍居民开展培训，构建服务户籍居民的技能人才培训网络；三是通过与行业、企业（服务基地）在技能人才培养方面的合作实现双赢。

公办职业院校职业技能培训基地网络是由政府牵头，按照"统筹管理、合理布局、资源共享、功能互补"的原则，整合现有公共资源，建立以公办职业院校为补充的培训网络。主要职责包括：一是突出实训和技能评价的核心功能，技能实训项目以企业和社会培训机构无力开展的高新技能实训项目为主，技能评价服务侧重高端职业和新兴职业，主要开展示范性评价；二是在改革创新高技能人才培养模式和人才评价模式方面，发挥引导示范作用；三是组织和承担高技能人才继续教育，扶持高技能人才技术革新和技术改造，提高高技能人才创新能力；四是组织和承担高技能人才职业技能竞赛，以及为行业、企业单位组织的技能竞赛、技术比武等活动提供场地、设施、宣传、服务等方面的支持；五是接受政府部门购买高技能人才培训成果项目，担负培训紧缺高技能人才的任务；六是建立实训基地和行业、企业、培训机构、劳动力市场、职业院校的紧密联系机制与合作机制，提高使用效率，扩大服务覆盖面。

社会机构职业技能培训网络主要由行业、企业和其他社会组织职业技能培训机构组成，是政府引导、重点扶植的社会力量参与的职业技能培训网络。企业是高技能人才培训的主体，是聚集高技能人才的载体，也是高技能人才的最大受益者，理应承担起高技能人才培养的职责。调动企业承担高技能人才培训的热情和积极性至关重要。在行业组织、大型国有企业、行业龙头企业建立职业技能实训基地、承担部分公共服务职能具有可行性。首先，该类企业都参与了相关行业标准的制定工作，业内声誉较高，在其行业中起到龙头示范作用。其次，企业具有完善的培训体系，重视内部培训。再次，这些企业都重视技术革新及人才培养，拥有较高的科研能力。最后，部分龙头企业，从其使命看，只要政策支持，在有制度保障的情况下愿意承担相应的社会责任。因此，通过建立行业、企业和其他社会组织职业技能培训机构，不仅可以实现资源的全社会优势互补，而且培训内容会更加贴近实际生产需要、产品的研发方向以及员工专业能力的考核量级，有利于形成高技能人才培养的长效机制。

6.2.3 健全公共职业技能培训机构资金投入机制，完善成本分担机制

实训基地在建设和运行过程中对资金的需求较大，需要持续不断地投入建设或维护资金，仅靠政府财政投入的压力较大，必须探索多渠道的投入方式，探索市场化的运作方式，使实训基地具有一定的自身造血和不断发展的能力。需要加大政府推动力度，探索建立政府、企业、个人成本分担的机制。例如无锡市高技能人才公共实训管理服务中心近几年发展势头迅猛，在投入机制上也实现了创新。其设备维护管理经费以政府购买维管服务为主，以实训工厂的收益部分和实训合理收费部分为补充。实训设备利用上坚持无偿性与有偿性相结合，即一方面向职教园区院校、全市技工院校和困难企业开展免费实训服务，另一方面向其他对象开展以收取一定成本为补偿的有偿实训服务。另外，参照《职业技能培训和鉴定条例（征求意见稿）》中的"用人单位应当按照职工工资总额的 1.5%～2.5%提取职工教育培训经费，列入成本费用，依法在税前扣除"，无锡市政府统筹征收企业职工教育培训经费的 0.5%（不含外资企业），运作经费达 8 000 多万元，专款专用于高技能人才公共实训基地的运作，将企业的人才培训分担与政府的公共平台建设捆绑，保证了高技能人才培养的长效发展。

6.2.4 创新公共职业技能培训机构合作模式，加大对外合作的力度

创新合作模式重点是机构之间合作、机构与企业合作、机构与院校合作、机构与行业协会合作等形式。以公共实训基地为例，要充分发挥企业或行业的知识、技术、资源、信息等优势，共同参与制定技能人才培养标准、共同开发专业教材、共建实习实训室、共同开展技术创新，参与合作项目的评估、职业技能鉴定等相关工作。特别是要加强与企业的合作，成为企业技能人才外包培训基地。鉴于大多数企业属于中小企业，自己培养技能人才的资源短缺，实训基地可以帮助中小高新技术企业和传统优势产业企业，通过培养技能人才，完

成传统生产技术的高新技术改造，提高科学技术产品的转化率，增强企业市场竞争能力，充分调动大型企业和社会培训机构为中小企业培养技能人才的积极性，也使企业成为基地的合作伙伴、人才的输出地，更好地对接产业需求，提高技能人才培养的质量。目前，技能人才水平评价工作已逐渐向市场化转移，公共实训基地可以加强与行业协会的合作，共同推进技能人才评价工作，如基地提供场地，行业组织通过会员企业设备捐赠等方式，将设备放在基地，共建行业技能人才评价中心（基地）等。

除了以上措施，还可以加强不同基地之间的合作，搭建实训基地交流沟通平台。一方面，要加强各实训基地的交流合作，相互之间定期开展交流探讨，促进基地持续发展。另一方面，可以依托职业技能公共实训基地建设高技能人才流动工作站制度，打通高技能人才交流的制度壁垒，吸引更多的高技能人才投入职业技能研究和技能推广工作中来。通过政府购买服务、高技能人才特别津贴等形式，落实高技能人才培养投入。为高技能人才的交流成长提供政府层面的交流平台，使得实训基地有长效的生命力。

6.3　公共职业技能培训共享的对策建议

公共职业技能培训机构共享主要体现在培训机构和项目信息的共享、教学资源的共享、优秀师资的共享，以及劳动力市场信息的共享四个方面。

6.3.1　建设国家和区域性公共职业技能培训服务网络

建立国家和区域性公共职业技能培训服务网络，通过该网络向社会公开公共职业技能培训机构的培训项目、专业、课程、培训时间、培训目标、政府补贴等内容，推进信息透明体系建设。同时，建设实习实训服务网络，统筹调度各实习实训基地的实习实训资源，实现资源的有效利用。打破培训和市场间的壁垒，向企业提供当地学校和培训机构培训质量和效果的信息。一是通过电话或互联网提供学习机会方面的信息和咨询；二是利用职业技能培训网站，将企业、职业培训机构、职业生涯规划服务机构、高等院校、社区组织、图书馆、就业服务中心等联系起来。

6.3.2　制定完整的数字化教学资源标准、规范和协议

目前，国家层面和部分省（自治区、直辖市）均已建立了职业技能培训数字化平台，面向社会提供了多种数字培训资源。但要推动数字资源的发展，必须制定完整的数字资源标准和规范。标准与规范的制定也是数字资源共享的核心问题。现有的数字资源标准和规范侧重于数字资源的开发、存储和描述，而资源共享则涉及资源开发、平台建设、教学服务、运行维护、日常管理、产权保护、支付结算和收入分配等一系列环节，需根据职业技能培训领域数字资源开发、应用、管理和服务的全生命周期，制定课程开发、资源整合、体系建设、信息服务、运维管理五类标准，全面推行公共职业培训数字化。

6.3.3　建设职业技能培训的师资共享机制

师资是技能培训共享的核心，应建立地区技能培训师资库，鼓励区域内优秀培训教师资源的共享共用。淡化培训教师"单位人"的属性，以授课时间、培训项目课程为基本模块实行专兼职教师制度，从企业高技能人才与技能劳动者中着力培养、充实职业技能培训师资和能承担培训任务的人员，完善培训教师和有关人员执教执训履历档案。建立公共职业技能培训师资库，支持将高技能领军人才、世界技能大赛和全国技能竞赛优秀选手纳入师资库。鼓励行业组织、企业共同参与职业培训教师培养和培训。

6.3.4　建立统一的个人培训账户，实现培训信息积累和记录

除了技能培训共建共享，受训群体信息共建共享也是加强技能人才培训针对性、提高资源利用效率、全面提高受训者工作技能的重要手段。中共中央办公厅、国务院办公厅 2021 年 10 月印发的《关于推动现代职业教育高质量发展

的意见》指出，应建设职业教育国家学分银行，实现各类学习成果的认证、积累和转换，加快构建服务全民终身学习的教育体系。《"十四五"职业技能培训规划》也提出，探索建立技能学分，与国家学分银行互联互通。研究探索职业技能等级证书与学历证书间的学习成果认定、积累和转换机制。同时，要加快推进职业技能培训实名制管理工作，建立以社会保障卡为载体的劳动者终身职业技能培训电子档案。依托社会保障卡持卡人员基础信息库和全国社会保障卡服务平台，实现培训对象实名认证、培训信息的实时获取。

附录 1

部分省份推动公共职业技能培训
资源共享的政策措施

为深入了解各省份在公共职业技能培训共建共享方面的做法和经验，本书编者梳理了广东、四川、天津、浙江、江苏、北京六地的相关政策并进行分析，以供参考。

一、广东省推动公共职业技能培训资源共享政策

根据公共职业技能培训职能部门责任归属，本书编者主要从广东省人民政府办公厅、广东省人力资源和社会保障厅、广东省教育厅官方网站整理了2014 年以来省级层面颁布的 23 份有关公共职业技能培训方面的政策文件（见附录2）。自 2014 年以来，广东省公共职业技能培训政策在服务对象面向、职业培训体系建设、职业技能培训主体供给三个方面呈现明显的变化。

（一）政策特点

1. 政策服务对象从单一化面向到聚焦"全民化"与"战略人才导向"

党的十八大以来，广东省广泛开展产业结构转型升级工作，大力提升公共职业技能培训服务在社会经济建设大局中的战略性位置，推动职业技能培训从对象单一化向"重点行业集中与全民开放"的趋势转变。从广东省职业技能培训政策覆盖对象变化来看，早期广东省公共职业技能服务主要充当缓解特定群体就业难题与稳定社会秩序的政策工具。例如，2006 年颁布的《关于深化退役士兵安置改革实行职业技能培训促进就业的实施意见》[40]、2011 年颁布的《关于进一步加强退役士兵职业教育和技能培训工作的通知》[41]等职业技能培训工作政策主要针对退役士兵就业安置问题，目的在于稳定扩大就业与支持国防建设；此外，为了应对区域劳动力转移过程中技能短缺的劳动力结构化矛盾，出台《关于进一步落实劳动力技能晋升培训政策的意见》[42]，明确来粤劳动力培训转移就业培训的问题，并通过《关于印发〈广东省省级劳动力培训转移就业专项资金管理办法〉的通知》[43]落实用于开展劳动力培训转移就业的技能晋升培训补贴（含职业培训补贴和职业技能鉴定补贴等专项资金配套），从而促进劳动力稳定转移就业目标的实现。

2014 年以后，广东省深入贯彻《国务院办公厅关于印发职业技能提升行动方案（2019—2021 年）的通知》[44]文件精神，并结合广东具体发展实际，提出《广东省职业技能提升行动实施方案（2019－2021 年）》[45]，将技能人才培训提到全省实现"四个走在全国前列"与"当好两个重要窗口"的重要战略性高度。主要通过"基础技能全民化"与"重点行业技能开发"两种策略展开：一是建立覆盖城乡劳动者的终身职业技能培训制度，提升全省劳动者整体技能素质。二是立足于《广东省智能制造发展规划（2015—2025 年）》[46]产业发展要求，重点围绕新一代信息技术、高端装备制造、绿色低碳、人工智能、生物医药、数字经济、新材料、海洋经济等战略性新兴产业、先进制造业发展实施重点群体职业技能提升工程，培养复合型高素质技能人才。此外，发挥广东特色文化优势与家政蓝海市场潜力，以广府菜、客家菜、潮汕菜等粤菜系列为重点，大规模开展"粤菜师傅"职业技能培训，提升粤菜烹饪技能人才培养能力和质量，打造"粤菜师傅"文化品牌。另外，围绕新形势下"一老一小"对家政服务的迫切需求，实施"南粤家政"工程，以母婴服务、居家服务、养老服务、医疗护理服务等领域为重点，推动全省家政服务业提质扩容，努力实现家政服务从业人员素质有提升、就业有渠道、权益有保障。

整体来看，广东省公共职业技能培训政策与社会经济发展需要相契合。与此同时，广东省公共职业技能培训政策也出现与产业结构紧密结合，服务于产业发展导向的鲜明趋势，从初期仅关注解决特定劳动者就业难问题向关注全体劳动者基础技能塑造与战略产业技能开发的高技能人才培养的目标转换。

2. 职业技能培训机构从碎片化建设到体系化建设

与其他省份相比，广东省较早对公共职业技能培训制度进行探讨。从公共职业技能培训框架方面来看，广东省公共职业技能培训制度建设可分为两个阶段：

第一阶段（2004—2010 年），聚焦技能人才实训基地等诸如外化"有形"的架构。这一阶段，广东省公共职业技能培训制度碎片化、单一化特征尤为明显。从早期《关于设立高技能人才实训基地若干问题的通知》[47]、《广东省劳动和社会保障厅企业高技能人才评价工作管理规定》[48]、《关于规范创业培训机构认定等有关工作的通知》[49]、《关于印发广东省高技能人才公共实训基地认定办法的通知》[50]四份文件的内容可以发现，早期广东省公共职业技能培训工作重点在于搭建公共职业技能人才培训实训基地，主要解决"由谁建、评价谁、谁评价、评估标准"等问题，为后续阶段公共职业技能培训制度扩容提质奠定初步基础。

第二阶段（2015—2020 年），集中于公共职业技能培训制度扩容提质，公共职业技能培训制度体系初步形成。广东省陆续出台若干政策，首先，通过《广东省人力资源和社会保障厅关于职业技能鉴定所（站）的管理办法》[51]、《非营利性民办培训机构的监督管理办法》[52]来规范职业技能鉴定所（站）的鉴定行为，加强职业技能鉴定质量管理，确保国家职业资格证书制度的严肃性和权威性；具体到职业技能培训课程标准方面，《广东省职业技能培训课程标准开发技术规程（试行）》[53]进一步明确职业技能培训课程标准开发范围与参考标准；在技能培训资格认定方面，《广东省职业技能培训合格证书管理办法》[54]规定劳动者获得职业技能资格认定的全流程细节；而《广东省人力资源和社会保障厅 广东省财政厅关于印发广东省职业技能提升培训补贴申领管理办法的通知》[55]、《广东省人力资源和社会保障厅关于印发广东省职业技能提升各职业（工种）及专项职业能力补贴（指导）标准的通知》[56]则在激励社会化办学与劳动者参与培训的积极性方面细化了职业技能培训补贴对象，提升职业工种与专项职业能力补贴标准。

3. 职业技能培训主体供给从政府主导向多元化协同联动格局转变

职业技能培训供给力量与该制度当期目标取向相联系，也就是说，与职业技能培训政策两个发展阶段相对应，职业技能培训供给力量从政府单一主体转向形成政府、社会、市场等多元化力量协同联动的供给格局。正如前文提及的，早期职业技能培训政策目标大多在于解决劳动者就业难与促进社会稳定等，因此，政府在第一阶段职业技能培训过程中扮演主要的兜底角色，而公办的职业院校、高级技工学校、技师学院成为实训基地与技能人才培养的组织载体。[57-58]

随着职业技能培训政策趋于产业化服务的目标导向，省人社厅负责全省创业培训定点机构认定和综合管理工作的"认定"职能，"省属培训机构的日常管理由省职业训练局负责"，"日常管理"职能下放至各地级以上市及顺德区人力资源和社会保障部门[59]，而承担职业技能培训任务的供给主体向非政府的市场部门与社会部门延伸。除了支持院校扩大补贴性培训供给[60]，广东省人民政府开始鼓励社会组织、民办培训机构或者企业扩大培训规模，组织实施高技能领军人才和产业紧缺人才境外培训。[61]

（二）公共职业技能培训资源共享的主要内容

1. 资金基础：形成市场化力量供给＋政府转移支付的培训成本共担机制

为了盘活社会化资源与发挥市场化培训效率优势，公共职业技能培训供给从政府单一供给向社会化、市场化、政府管理的供给模式转变，政府从直接的职业技能培训生产者转向后方的协调管理角色。主要通过以下三个方面进行改革：

第一，以政府补贴形式补偿企业职业技能培训的部分直接成本。以实施企业新型学徒制为例，广东省各级人力资源和社会保障部门会同财政部门对开展学徒培训的企业按规定给予学徒培训补贴，补贴资金从各级就业补助资金中列支。补贴标准按照培训职业（工种）等级、耗材情况等确定，按人头计算每年补贴4 000~8 500元，补贴期限不超过3年[62]；对企业自主开展或职业院校、培训机构受委托开展项目制培训的，可先行拨付50%的培训补贴资金。

第二，加大税收减免力度，减轻企业推动职业技能提升的成本阻力。根据《广东省职业技能提升行动实施方案（2019—2021年）》，广东省在加大资金支持方面，适时提高企业职业技能培训支出税前扣除幅度，落实将企业职工教育经费税前扣除限额提高至工资薪金总额8%的税收政策[63]，增强企业提供职业技能培训的积极性。

第三，加大政府部门经费整合力度，统筹用于职业技能提升行动。为了提升参加失业保险职工的职业技能、发挥失业保险促进就业的作用，广东省破除失业保险在失业生活保障与职业技能提升之间的壁垒，盘活失业保险的沉睡资金。一方面，允许用于取得职业资格证书或职业技能等级证书的企业职工的职业技能补贴发放[64]；另一方面，加大失业保险基金结余提取资金与就业补助资金、地方人才经费、行业产业发展经费的筹集整合力度，扩大用于高技能人才公共实训基地设备购置。[65-66]

2. 资源保障：建立多元化平台载体与共享式资源机制

第一，多主体参与公共职业技能培训共建，增强培训载体互嵌共融共享。为了强化多主体在公共职业技能培训供给方面的合力，广东省一方面通过建立公共职业技能培训多元化供给机制，强化公共资源与社会化资源的优势互补。一是鼓励各类企业制定实施企业新录用员工和转岗转业职工的适岗能力培训计划、岗位技能提升培训计划，大力开展高技能人才培训，组织实施高技能领军人才和产业紧缺人才境外培训；二是支持职业院校以职工、就业重点群体和低收入劳动力为重点对象开展补贴性培训，职业院校承担面向社会职业技能培训的收入在合理扣除直接成本后，可按不超过60%的比例提取补充单位绩效工资，在核定的绩效工资总量之外单列管理。[67]另一方面强化多元主体资源在承担公共职业技能培训供给过程中的共建共享。例如，广东省在实施现代学徒制与企业新型学徒制时，采取"企校双制、工学一体"的培养模式，由企业与技工院校、职业院校、职业培训机构、企业培训中心等教育培训机构共同培养学徒。具体培训任务由企业主导确定，由企业和培训机构分别承担。[68-69]

第二，强化培训办学市场化需求导向，建立校企资源互通共享。在资源共享方面，广东省通过《广东省职业技能培训课程标准开发技术规程（试行）》以国家职业标准或行业企业典型工作任务为依据，围绕《中华人民共和国职业分类大典》中技能类职业（工种）、新职业、专项职业能力或技能单元进行课程开发，同时强调规模以上企业结合自身生产经营服务需要，面向本企业员工开展技能培训项目，以适应企业发展的技能需求。[70]另外，通过校企合作贯通学校与企业双方资源共享通道。广东省实施职业教育教学质量与教学改革工程，推动校企共建重点专业、区域综合性产教融合高水平公共实训中心或实训基地、精品在线开放课程等，鼓励校企合作开发规划教材。结合国家产教融合发展工程和"十百千"产教融合行动计划，开展产教融合试点，实施校企深度合作项目。在师资共建方面，建立健全职业院校教师编制动态管理机制，推广以周转编制自主聘任兼职教师办法，鼓励职业院校设立产业教师（导师）等流动岗位，依法依规自主聘请兼职教师和确定兼职报酬，推动企业工程技术人员、高技能人才和职业院校教师双向流动。全面落实职业院校教师到企业实践和轮训制度，加强骨干教师培训，建设"双师型"教师培养培训基地，实施职业教育教师教学创新团队和专业领军人才培养计划、职业教育名师工作室和技能大师工作室建设计划，加强教研室等基层教学组织建设。[71]

3. 标准指导：加强多方培训标准共融一体化

一是加强教职融合，推动普通教育与职业教育标准共融。为了打破学历教育与职业教育两条线管理，广东省按照国家统一部署，在实施现代学徒制过程中积极探索推进"学历证书＋职业技能等级证书"制度。[72]在打造粤港澳技能培训互认方面，推动建立粤港澳职业教育学分银行和学分互认机制，探索粤港澳相互承认高等教育专科学历的办法。[73]

二是强化技能认定与评价衔接，推动职业技能等级与职业教育评价标准共融。长期以来，身份、学历与资历之间存在严重的制度性障碍。为了打破职业技能评价与专业技术职称评审界限，广东省坚持以用为本，围绕用好用活两类人才，突出品德、能力、业绩评价导向，建立体现两类人才特点的评价机制，发挥用人主体作用，建立评价与培养、使用、激励相联系的机制。[74]针对高技能人才参加工程技术职称评审，突出高技能人才职业特点，以职业能力和工作业绩评定为重点，把技能技艺、工作实绩、生产效率、产品质量、技术和专利发明、科研成果、技能竞赛成绩等作为重要依据和参考。具体评价标准参考国家和省规定的工程技术人才职称评审基本标准条件，由职称评审委员会依据专业特点进行细化。而对于工程技术人才，其职业技能评价侧重考察相应等级操作能力。具体评价标准按照国家职业技能标准执行，相关考评程序由各地级以上市职业技能鉴定指导中心进行细化。

4. 整合多主体系统资源，发挥系统化职业培训供给优势

第一，实施"产教融合、校企合作"行动计划，推动学历教育培训与职业技能培训体系共通。为了增强学历教育与职业技能培训体系互融互通，广东省分别推动文化教育与职业教育相结合以及实施"产教整合、校企合作"行动计划。[75]一是落实立德树人根本任务，加强职业院校思想政治教育工作，将工匠精神和职业素质培育全面纳入人才培养方案。二是立足于职业技能培训市场化服务导向，支持企业深度参与职业教育人才培养全过程，促进企业需求融入人才培养各环节。三是按照国家统一部署，积极探索推进"学历证书＋职业技能等级证书"制度。四是结合国家产教融合发展工程和"十百千"产教融合行动计划，开展产教融合试点，实施校企深度合作项目。

第二，建立职业教育集团化联盟，发挥优质资源示范性作用。一方面，广东省以"扩容"为重点，着力增加优质职业教育资源，强调在高等职业教育一端做大做强，组织部分省属高职院校和中职学校联合组建若干教育集团，增加高等职业学位，扩大高等职业招生规模；与此同时，完善基地建设管理体制，推动资源共享，将基地打造成为集约发展职业教育、服务区域产业发展、中高职衔接培养技术技能人才的示范区。另一方面，优化中等职业教育结构布局，采取撤销、转型、合作、托管、集团办学、合并、校园土地置换等多种形式，整合职业教育资源。除此之外，推动校企合作职业教育集团（联盟）化办学，支持规模以上骨干企业与本科高校、职业院校共同组建校企合作职业教育集团（联盟），推进实体化运作；鼓励和支持职业教育集团（联盟）内本科高校、职

业院校协同开展中高职衔接、高职本科、现代学徒制等招生培养模式改革，组织开展示范性职业教育集团（联盟）建设。[76]

第三，落实职业技能培训"引进来"与"走出去"，推动技能培训国际化。除了自身经验探索，广东省在公共职能技能培训方面还善于对外学习，利用有利的地理区位优势。一方面，通过支持职业院校扩大与"一带一路"沿线国家的职业教育机构合作，主动跟随优质产业或重点企业"走出去"，配合中国企业面向当地员工开展技术技能培训和学历职业教育。另一方面，建立粤港澳职业教育定期会商机制，打造粤港澳职业教育交流平台，开展高水平合作项目。推进粤港澳职业院校联合办学，推动粤港澳职业院校深入开展教师互动交流、学生交换访学等多种形式合作。[77]

5. 机制保障：加强公共职业技能培训的数字化运用

广东省积极发展互联网职业技能培训，增加数字化技术在公共职业技能培训场域中的应用。大力推广"互联网＋"等先进远程培训方式[78]，推动云计算、大数据、移动智能终端等在职业技能培训领域的应用，提高培训便利度和可及性。以远程职业培训网建设为重点，支持建设互联网培训平台，开展前沿技术知识更新培训和行业信息人才培训，搭建行业信息领军人才交流平台。[79]

二、四川省推动公共职业技能培训资源共享政策

党的十八大以来，四川省大力推进"技能四川"建设，通过弘扬工匠精神，健全技能人才培养和服务体系，培养更多高素质技能人才和"天府工匠"、大国工匠，实现由技能大省向技能强省转变。与其他省份相比，四川省在劳动力迁移、产业优势、技能培训重点方面有所差异，这在很大程度上决定了四川省在公共职业技能培训制度建设中形成"四川模式"。

（一）政策特点

根据公共职业技能培训建设责任归属与具体发文单位，本书编者集中整理

2013 年以来四川省人民政府、四川省教育厅、四川省人力资源和社会保障厅、四川省财政厅、四川省民政厅等有关职能部门颁布的有关公共职业技能培训主题的 24 份政策文本（见附录 2）。通过详细梳理发现，四川省公共职业技能培训在政策对象、政策目标、政策系统、供给主体等方面呈现明显的变化。

1. 政策对象：立足产业转型与脱贫定位，重点聚焦重点分类施训

与沿海发达省份不同，四川省作为西部省份之一，在产业结构转型、人力资源质量建设等方面相对落后，劳务输出与返乡、技能素质低下等成为阻碍四川社会经济全面进步的现实问题，这决定了四川省在公共职业技能培训方面更注重聚焦基础性技能与重点行业培养双重施策。一是大力开展企业职工技能提升和转岗转业培训，面向"5＋1"现代产业、"10＋3"现代农业以及现代服务业企业职工，大规模开展岗位技能提升培训；同时对煤炭、钢铁等行业去产能职工开展转岗转业培训。二是针对农村转移就业劳动者特别是新生代农民工，实施农民工"春潮行动""求学圆梦行动"，新生代农民工职业技能提升计划、返乡创业培训计划和劳务品牌培训。三是加大技能扶贫力度，聚焦大小凉山彝区、高原藏区，深入实施低收入地区劳动力技能培训全覆盖行动，提供免费就业技能培训。[80]在职业技能提升行动方案基础上，四川省人民政府还专门针对建设新时代建筑产业工人队伍[81]、康养职业人才队伍[82]、农民工/农民企业家[83]等重点群体职业技能培训制度颁布具体的配套政策。

2. 政策目标：打造"天府工匠"，实现技能大省向技能强省蜕变

党的十八大以来，四川省人民政府在制定公共职业技能培训政策过程中始终坚定高技能人才培养目标，充分发挥高技能人才推动四川经济发展质量变革、效率变革、动力变革的重要作用，在全省组织实施"天府工匠"培养工程，优化技能人才队伍结构，打造享誉全国的"天府工匠"[84]，培养规模宏大的"技能川军"，高端技能人才形成雁阵效应，努力推动治蜀兴川再上新台阶。

3. 政策系统：职业技能培训体系初步建成，政策间协同性趋于加强

与沿海发达省份（如广东）相比，四川省公共职业技能培训制度探索相对滞后，直至 2019 年以后职业技能培训政策发文才呈井喷态势。截至 2021 年，四川省围绕公共职业技能培训制度出台落实技能人才培训基地[85]、职业技能等级认定[86]、技能提升专账资金[87]、职称与职业技能评价贯通[88]等政策，从外化基地建设到技能培训内容，填充扎实四川省职业技能培训框架，职业技能培训体系初步形成。

4. 供给主体：强调政-社-企协同合作，发挥职业技能培训的多主体供给优势

与其他典型省份不同，四川省在探索公共职业技能培训体系建设时始终坚持贯彻多元化办学理论，强调政府、社会组织与企业在职业技能培训中的合作互补。四川省政府坚持简政放权理念，变直接生产为协调管理，充分发挥社会培训和评价机构的支持作用。四川省有关部门通过鼓励行业、企业、社会组织、个人根据产业发展及市场需求举办民办职业培训机构和评价机构，在政府购买服务、校企合作、实训基地建设、就业信息服务等方面，与公办同类机构享受同等待遇。支持社会培训和评价机构建立同业交流平台，促进行业发展，加强行业自律。[89]

（二）公共职业技能培训资源共享的主要内容

1. 削减市场化办学直接成本，强化成本共担

第一，落实职业技能培训补贴政策，激励非政府部门参与职业技能培训供给的积极性。为了减轻职业技能培训参与带来的直接成本负担，变压力为动力，四川省在推动公共职业技能培训市场化办学过程中，尤其在全面推行中国特色企业新型学徒制时，注重减轻企业培训的经费负担，对企业吸纳高校毕业生就业并开展学徒制培训的，按每人每年不低于 5 000 元给予培训补贴。[90]

第二，发挥税收分配调节作用，积极引入市场和社会力量参与。除了按人头的直接补贴政策，四川省致力于盘活企业职业教育经费，激励企业积极使用培训经费落实职业技能培训或促进校企培养学徒工作，落实将企业职工教育经费税前扣除限额提高至工资薪金总额 8% 的税收政策。[91]

2. 加强培训资源衔接，提升职业技能培训可及性

第一，发挥校企双主体办学优势，实现双主体平台载体共享。在培训资源

共享方面，四川省积极发挥校企合作办学的双主体育人机制，在推行现代学徒制和企业新型学徒制时，实施产教融合项目，建立健全职业院校教师和企业师傅互派顶岗交流锻炼机制，采取校企合作与双主体平台共建共享，引导行业、企业全过程全要素参与职业院校的技术技能人才培养，充分调动和发挥职业院校和企业技能人才培养"双主体"作用。

第二，强化多主体供给合力，增强职业技能培训资源共享。在培训资源共建共享方面，四川省分别从课程资源、师资资源两方面着手促进校企深入合作融合。在课程资源共享方面，在推动现代学徒制试点工作中，四川省实现职业院校与企业双主体育人机制，各地职业院校选择适合开展现代学徒制培养的专业后，与合作企业共同制定人才培养方案，共同开发课程、选用教材，共同设计、分段实施教学，共同制定和实施考核评价标准，共同开展教学研究等，实现校企双主体育人效果。[92]

在师资资源配置上，四川省建立健全职业院校兼职教师自主聘任机制，推动企业工程技术人员、高技能人才和职业院校教师双向流动。探索通过"专升本"模式，以"三年职业教育＋两年师范教育"形式培养一批职教师资；通过教育硕士专业学位教育，培养一批具有工科背景的教育硕士。实施职业院校教师素质提高计划，落实教师5年一周期的全员轮训制度，探索适应职业技能培训要求的教师分级培训模式，培育一批具备职业技能等级证书培训能力的教师，建设一批"双师型"教师培养培训基地；建立完善"双师型"教师认定标准，将体现技能水平和专业教学能力的双师素质纳入教师考核评价体系。[93]

3. 助推培训标准共融，打通技术技能人才发展渠道

第一，推动普通教育与职业教育标准互通。为了健全技术技能人才多元评价体系与打通技术技能人才发展渠道，四川省致力于推动普通教育与职业教育双向互通互融，主要分两步进行：一是加强义务教育阶段学生职业启蒙教育，实施中高职教育衔接推进计划，开展本科层次职业教育试点；二是推动职业技术教育与普通教育双向互认、纵向流动，开展"学历证书＋职业技能等级证书"试点工作，打破学历教育与职业教育的长期制度壁垒。[94]

第二，推动职业等级与职业教育评价双向贯通。为了进一步打通高技能人才与专业技术人才职业发展通道，打破专业技术职称评审与职业技能评价界

限，促进高技能人才和专业技术人才互融互通，四川省不断完善高技能人才职
称评审制度，扩大贯通领域。一是完善高技能人才职称评审制度。例如具备高
级工以上职业资格或职业技能等级且从事相关技术技能工作的高技能人才，可
参加工程、农业、工艺美术、文物博物（群众文化）、实验技术、艺术、体育、
技工院校教师等系列职称评审。二是支持高技能人才参加专业技术人员职业资
格考试。三是健全专业技术人才职业技能评价制度。[95] 与此同时，四川省推动
企业技能人才考核评价多元机制，通过创新企业技能人才评价、规范社会化职
业技能鉴定、开展技能竞赛选拔等，完善企业技能人才多元评价方式。[96]

4. 促进培训系统融合互通，实现技能培训一体化

第一，实施职业教育机构企业化管理机制，实现行业内的产教融合。为了
有效发挥教育资源集约化的辐射效应与供给效率，四川省致力于在全省高职院
校、主要行业产业以及大中型企业逐步建立权责明晰、运转高效的职业教育集
团化办学管理运行机制，鼓励开展多元主体组建形式[97]，建立多部门参与的
职教集团推进机构，引导大中型企业、规模以上行业龙头企业、示范性职业院
校探索建设多样化职教集团。支持行业特色鲜明的普通高校参与职教集团。探
索职教集团的治理结构。全面建立校企合作办学制度，职教集团基本覆盖职业
院校及大中型企业。[98]

第二，加强职业技能培训国际化合作，扩大优质教育资源。除了对职业技
能培训模式进行本土化探索，四川省还大力加强高职层面的中外合作办学政策
指导和服务，逐步将高职中外合作办学由简单的规模扩大、外延发展转入提升
质量、内涵建设的新阶段，逐步开展高职院校合作办学质量评估；鼓励学校开
展境外合作办学，加强高职院校中外合作办学质量评估；向国外推荐和宣传四
川优质高职教育资源，支持优秀高职院校赴境外办学。[99]

5. 强化技能培训信息化基础，加强技能培训的数字化渗透

基于信息化技能人才的市场化需求，四川省努力促进职业技能培训信息化
建设工作，实施职业院校信息化建设计划。在职业校园信息化方面，加快推进
职业院校数字化基础能力建设，加强优质教学资源共建共享，逐步实现全覆
盖。在师资信息化能力方面，加强职业院校教师信息技术应用能力培训，全面

提升信息化应用水平。在产教融合方面，充分利用信息技术改革传统教学，促进信息技术与专业课程、项目教学等深度融合，提高教学质量。在技能教学方面，充分利用信息技术改革传统实习实训方法，提升实习实训的效果和水平。大力推进以信息技术促进教育与产业、学校与企业、专业与岗位、教材与技术的深度结合，充分利用信息技术开展人才市场需求信息分析，促进专业调整与人才培养更加贴近经济社会发展需要。[100]

三、天津市推动公共职业技能培训资源共享政策

天津市作为北方的老工业基地，产业门类齐全，制造业基础雄厚。在深入推进京津冀协同发展重大国家战略、建设全国先进制造研发基地、推动"天津制造"向"天津智造"转变的过程中，天津市对技能人才队伍的素质、结构提出了更高的要求。近年来，天津市大力加强职业技能培训工作，形成了职业技能培训政策和工作体系不断完善，技能人才队伍规模逐步扩大、素质结构不断优化、质量水平有效提升的良好局面。党的十八大后，天津市政府、市教育委员会、市人力资源和社会保障局等各部门共制定约 20 项政策（见附录 2）推动公共职业技能培训共建共享工作。

（一）政策特点

1. 政策覆盖面广，关注重点群体技能培训

天津市鼓励高校毕业生积极参加职业技能培训，增强其适应产业发展、岗位需求和就业工作的能力；实施"春潮行动"，将农村转移就业人员和新生代农民工培养成为高素质技能劳动者；实施"求学圆梦行动"，提升农民工学历层次和技能水平；鼓励建筑企业利用农民工业余学校开展培训，提升其职业技能；大力开展新型职业农民培育工程，建立新型职业农民培训制度；积极开展"新农学堂"培训，提升农村女性实用技术及综合素质；加强新经济、新业态从业人员培训，激发创新创业活力；实施化解过剩产能企业职工特别职业培训

计划，提升失业人员和转岗职工技能水平；加强退役士兵职业技能培训，促进退役士兵实现就业；实施"雨露计划"、技能脱贫千校行动、残疾人职业技能提升计划，面向符合条件的建档立卡低收入家庭、农村"低保"家庭、困难职工家庭和残疾人开展技能脱贫攻坚行动；对在押服刑人员和强制隔离戒毒人员，开展以回归社会为目的的就业技能培训；对社区服刑人员和刑满释放人员开展职业技能培训，提升其就业技能和融入社会的能力；全面加强企业职工岗位技能提升培训，鼓励规模以上企业建立培训机构开展职工技能培训，并积极面向中小企业和社会承担培训任务。[101]

2. 参与主体多元，越来越注重鼓励社会力量参与

2018 年天津市人民政府办公厅印发《关于鼓励社会力量参与职业教育办学激发职业院校办学活力的指导意见》，从多个方面鼓励各种社会力量参与职业教育，包括：鼓励社会力量通过资金、土地、装备、技术、人才等多种要素投资职业教育；鼓励行业、企业举办或参与举办职业教育，发挥行业、企业重要办学主体作用；鼓励职业院校吸引社会力量参与天津国家现代职业教育改革创新示范区建设；鼓励社会力量通过承租、托管等方式，参与职业院校运营管理，提供专业化服务；鼓励社会力量与职业院校共同开发急需专业和新兴专业，优化传统专业，建立重点产业技术积累创新联合体；鼓励各类办学主体通过独资、合资、合作等多种形式举办独立设置的非营利性或营利性民办职业院校；鼓励境内外资本、机构、企业按照《中华人民共和国中外合作办学条例》要求，积极参与职业教育中外合作办学。[102]

(二) 公共职业技能培训资源共享的主要内容

1. 资金共担：建立健全多元投入机制

第一，政府加大资金支持力度，落实补贴政策。对企业职工、高校毕业生、农村劳动力、下岗失业人员、低收入家庭子女、低收入劳动力、"两后生"、退役军人参加职业技能培训，按规定给予职业培训补贴。对参加企业新型学徒制培训的，按规定给予企业新型学徒制培训补贴。调整优化就业补助资金支出结构，提高用于职业技能培训的规模和比例。将人才经费、行业产业发展经费中

用于职业技能培训的资金，统筹用于职业技能提升行动。从失业保险基金结余中计提资金，在社会保障基金财政专户中单独建立"职业技能提升行动专账"，用于职工等人员职业技能培训，实行分账核算、专款专用，具体筹措办法由市财政局、市人社局按照财政部、人力资源和社会保障部有关规定执行。企业发生的职工教育经费支出，不超过工资薪金总额8%的部分，准予在计算企业所得税应纳税所得额时扣除；超过部分，准予在以后纳税年度结转扣除。[103]

此外，天津市还实行了特色的职业培训包补贴，培训机构组织各类人员参加《职业培训成本及市场需求程度目录》所列职业和等级技能实验性培训，并符合相关条件的，按规定给予培训成本50%～100%的培训费补贴和技能鉴定费补贴；失业人员、农村劳动力和应届离校未就业高校毕业生参加《天津市失业人员和农村劳动力享受定额培训补贴职业项目目录》所列职业技能培训，符合相关条件的，按培训类别分别给予1 000元、800元和600元的培训费补贴和100%的鉴定费补贴。各类人员享受职业培训补贴，培训机构按《天津市人力社保局关于进一步简化职业培训补贴管理工作流程的通知》（津人社局发〔2013〕84号）及有关规定，履行开办备案、技能鉴定、补贴申请等手续。

第二，健全多元投入机制，激发主体参与积极性。一是发挥企业培训中心作用。面向设备先进、设施完善、技术领先的产业领军企业，遴选一批企业培训中心，通过补贴激励等方式，鼓励其开展培训。遴选师资力量雄厚、具有行业影响力的企业培训中心，认定为高技能人才培训基地。对高危企业建设的安全生产和技能实训基地，符合规定的通过安全生产专项资金给予资助。二是鼓励优质社会培训机构承担补贴培训。规范社会培训机构和评价鉴定机构发展。对参与补贴培训的社会培训机构实施目录清单管理。天津市各区人社部门对社会培训机构遴选评价合格后，纳入目录，签约后开展补贴培训；并定期对培训效果进行评估，实行动态调整。建立基于互联网的职业技能培训公共服务平台，提升技能培训信息化水平。[104]三是建立职业技能培训市场化社会化发展机制。加大政府、企业、社会等各类培训资源优化整合力度，提高培训供给能力。在绩效工资总量内，职业院校可自主确定基础性绩效和奖励性绩效比例。对开展职业技能培训的职业院校，绩效工资政策予以倾斜，增加的绩效工资总量，不超过公务员可比收入的1倍，所需资金通过培训收入解决。[105]四是完善社会力量兴办职业教育制度。通过专项拨款、购买服务等方式，积极支持各类办学主体通过独资、合资、合作等形式举办职业教育，建立学校、行业、企业、社区等共同参与的学校理事会或董事会；探索发展股份制、混合所有制职业院校，允许以资本、知识、技术、管理等要素参与办学并享有相应权利；探索公办和社会力量举办的职业院校相互委托管理和购买服务的机制；切实保障社会力量举办的职业院校与公办职业院校具有同等的法律地位。[106]

2. 培训资源共享：资源整合，多元共享

第一，形成以"海河工匠"为品牌的基地建设。天津市根据产业方向和行业特点，遴选一批企业培训中心开展企业内训。对培训对象达到一定技能水平的，按照天津市职业培训成本目录标准，给予企业相应的培训补贴。被认定为公共实训基地的企业培训中心开展公共实训的，根据培训人数、吸纳受训人员就业人数，培训补贴最高上浮 25％。鼓励企业公共实训基地开展高技能人才培养，遴选师资力量雄厚、具有行业影响力的企业公共实训基地，认定为高技能人才培训基地，给予最高 500 万元建设经费资助，并命名为"海河工匠"培训基地。面向社会开展公共实训的企业，在享受上述政策的同时，根据其培训人数和效果，优先享受就业创业、人才引进、职称评审、和谐企业评选等服务。[107]此外，天津市还通过制定公共实训基地建设规划，推进市、区两级公共实训基地建设，逐步形成以公共实训基地和中央财政支持建设的职业院校实训基地为示范，企业实训中心为基础，民办职业培训学校、职业农民培训示范基地、创业孵化基地为补充，覆盖城乡的实训网络。加强高技能人才培养平台建设，依托职业院校、公共实训基地、重点企业建设高技能人才培训基地和竞赛集训基地，依托技能大师及其所在单位建设技能大师工作室。

第二，建立以"职业培训包"为基础的资源共享体系。在总体设计上，天津市加强职业技能培训教学资源和服务能力建设。建立"职业培训包"基本培训制度，并加快推广应用。聘请知名专家、优秀技术技能人才，建设天津市职业能力建设专家库。建立学习成果积累和转换的弹性学习制度，促进职业技能培训与学历教育沟通衔接。落实用人单位招聘自主权，职业院校和培训机构可自主招聘技能人才。建立职业院校教师与企业工程技术人员的双向聘用机制，完善职业院校教师定期到企业实践制度，实施职业院校教师素质提升计划。探索"互联网＋职业培训"服务，发挥"智慧工会"网络平台作用，开发"职工在线培训"板块，提供在线培训课程，提高培训覆盖面、参与度，提升培训效果。

第三，在师资队伍建设上，秉持专兼结合的方式。实施"职业教育强基工程"，制定职业院校专业领军人物遴选标准，启动职业院校专业领军人才引进计划，加大高层次人才引进力度。发挥好《天津职业院校联合学报》作用，提升教师教育科研能力，探索组建高水平、结构化教师教学创新团队，开展教师分工协作进行模块化教学试点。实施天津市职业院校教师素质提高计划，继续组织天津市职业院校骨干教师境外培训项目，落实教师每年至少1个月在企业或实训基地实训和5年一周期的全员轮训制度。办好校长研修班，提高"双师型"教师队伍素质和校长管理水平。建立健全职业院校自主聘任兼职教师的办法，推动企业工程技术人员、高技能人才和职业院校教师双向流动。[108]

第四，在教材设计上，以天津市开发的"职业培训包"为基础，积极开发集培训标准、培训目标、培训内容、教学资源、培训指南于一体的职业培训包教材，提高职业技能培训质量。[109]

3. 面向群体：广泛开展重点群体就业技能培训

天津市职业培训的突出特点是覆盖群体范围广，且重点突出，各部门协同合作，针对不同群体展开专项培训。

一是大力开展企业职工技能培训。完善职业市场需求程度目录，引导企业发挥主体作用，制定职工培训计划，大力开展紧缺职业技能培训。全面推行企业新型学徒制培训，鼓励企业和院校通过"企校双师、工学交替"的方式培养企业后备技能人才，三年培训1.8万新型学徒。实施"师带徒"计划，遴选1 000名技能名师，实行师徒结对、一人一策培养。利用津工智慧平台在线学习功能，通过微视频、讲座等方式，开展职工在线教育培训。加强全员安全生产培训，开展高危企业主要负责人和安全管理人员安全生产知识和管理能力考核，开展特种作业人员安全技术考核，严格落实特种作业人员持证上岗要求。

二是加强就业重点群体职业技能培训。面向农村劳动力、城乡未继续升学初高中毕业生等青年、登记失业人员、转岗职工、退役军人和就业困难人员

（含残疾人），持续开展就业技能、职业技能提升等培训。实施农民教育培训工程和高素质农民队伍提升计划，提升农民技能水平，培训高素质农民队伍，实现乡村产业振兴。积极开展退役军人职业技能培训，促进退役军人实现就业。对有创业意愿的高校毕业生、农村富余劳动力开展创业培训，提供创业指导等服务。以高质量完成高职院校百万扩招任务为目标，在优质高职院校、成人学校选取区域经济建设急需、社会民生领域紧缺和就业率高的专业，招收退役军人、在岗职工、下岗失业人员、农民工、新型职业农民，提升职业技能和就业创业能力。

三是加大低收入劳动力和低收入家庭子女技能扶贫工作力度。加强低收入劳动力就业技能培训，通过政府购买服务方式为低收入劳动力提供免费技能培训。对参加培训的就业困难人员和零就业家庭人员，培训期间给予一定生活费补贴。实施技能脱贫千校行动，对在本市接受中等职业教育的农村学生、城市涉农专业学生、低收入家庭学生和建档立卡低收入户学生，按规定落实免学费政策；低收入家庭学生，还可按规定享受助学金政策。[110]

4. 培训系统共享：深化产教融合，构建终身教育体系

第一，构建终身教育体系和人才多样化成长渠道。一是建立和完善从中职、高职、应用型本科到专业学位研究生教育的技术技能人才系统化培养体系，促进中等、高等、本科层次职业教育和应用型本科、硕士、博士之间的纵向衔接，普通教育与职业教育间的横向沟通，以及终身教育的便捷通畅。提高高等职业院校招收中等职业学校毕业生和本科高等学校招收职业院校毕业生的比例，使职业学校与普通学校毕业生拥有同等升学机会，构建学生多样化选择、多路径成才的"立交桥"。扩展高职本科联合培养，拓宽技能大赛获奖选手免试升入本科和高职院校学习渠道，提高人才培养质量。拓宽普通本科高校应用型专业招收职业院校毕业生途径，培养高端技术技能人才；进一步推进"职普融通"，建立"职普融通"实验联合体，支持有条件的学校开展"职普融通"实践探索；大力推进本科层次职业教育与专业学位研究生教育。借鉴德国、瑞士、奥地利应用技术大学办学模式，整合优质资源，采取多种形式，积极探索建设若干所应用技术大学。二是积极构建终身教育体系。以开放大学为平台，以区县人民政府为责任主体，以服务终身学习的区域型职业教育集团为

骨架，以区县社区学院或职业成人教育中心为骨干，以街道社区学校或乡镇街成人文化技术学校为支撑，形成时时能学、处处可学、人人皆学的终身教育体系。推动开放大学和职业院校向社会开放学习资源，与社区深度融合，建立职业院校与社区联动机制，促进职前教育和职后教育有效衔接。建设多层级终身学习公共服务平台和数字化学习中心，建立有利于全体劳动者接受职业教育和培训的灵活、开放、全纳学习制度，全面推进学习型社会建设。继续办好全民终身学习活动周，大力推进环渤海终身学习联盟建设。[111]

第二，深化校企合作与产教融合，实现"五产联动"。一是完善"五产联动"产教融合机制，着力加强高技能人才培训。大力完善产业、行业、企业、职业、专业"五业联动"产教融合机制，建立和完善从中职、高职、应用型本科到专业学位研究生教育的技术技能人才系统化培养体系，大力培养高端技术技能人才。广泛开展职业院校同国际知名企业、中小科技型企业、知名高校合作，以专业（群）建设为龙头，带动职业院校密切产教融合，深化校企合作，全面提升办学质量和服务能力。推行校企双制合作办学模式，实现校企共同招生招工、共商专业规划、共议课程开发、共组师资队伍、共创培养模式、共建实习基地、共搭管理平台、共评培养质量目标。二是以高校众创空间为抓手，重点面向大学生开展创新创业培训。开展青年创新创业人才训练营，提升青年创新创业能力。鼓励众创空间等创业孵化载体举办公益讲堂、创业孵化培训等活动，提升入驻企业和团队创新创业能力。加快建设技能大师工作室、劳模工匠人才创新工作室、残疾人技能培训室，开展技术革新、技能研修、技艺传承等群众性技术创新活动，做好先进操作法的总结命名推广工作。三是推进职业教育集团化办学。支持院校与行业、企业组建职业教育集团，推进集团化办学。完善职业院校办学体制，深化产教融合、校企合作，推进职业院校管理体制改革，充分发挥校企合作组织的职能作用，完善集团化办学资源配置和运行机制，为建设国家级骨干职教集团做好准备。四是全面推行新型学徒制，针对新生劳动力和职工技能提升需求，鼓励企业和院校开展"企校双师带徒、工学交替培养"合作，为企业培养后备技能人才。培养期不超过3年，按每人每年最高7 000元标准给予企业补贴。预付企业50%的补贴资金，培训任务完成后即时拨付其余补贴资金。[112]

第三，加快职业教育信息化建设。天津市实施职业院校信息化基础设施建设计划，全面提升职业院校信息技术装备水平。开展职业院校数字化校园建设，引进国内外优质资源，建设 10 个左右专业群的优质教学资源库；加强区域性资源共建共享联盟，建立国家级数字化资源开发制作基地，形成为国家现代职业教育改革创新示范区服务的数字化资源平台群；完善资源平台群和信息化管理平台；加强区域职业院校专业、课程、教师共享机制建设[113]；建设职业教育信息化管理平台；开展校长和教师的信息技术应用培训；办好天津市各级各类职业院校教师信息化教学大赛。

四、浙江省推动公共职业技能培训资源共享政策

党的十八大以来，浙江省紧紧围绕经济转型升级和产业结构调整的要求，以提升职业能力为核心，以高技能人才培养为主线，加快完善技能人才培养、引进、使用、评价、激励政策体系。浙江省人民政府、省人社厅、省教育厅、省发展改革委、省财政厅等制定了多项公共职业技能培训共建共享相关政策（见附录 2）。

（一）政策特点

浙江省公共职业技能培训政策面对群体重点突出，主要关注企业职工特别是受经贸摩擦影响的企业职工、农村转移就业劳动者、城乡未继续升学的初高中毕业生、失业人员、退役军人、就业困难人员（含残疾人）、有培训需求的高校毕业生、职业农民等。另外，培训体系逐渐向区域融合共享发展。比如，通过各项政策支持温州、台州建设职业教育服务民营经济发展创新高地，支持衢州开展"五统筹"职业教育发展省级试点，充分发挥杭州、宁波建设国家产教融合型试点城市的辐射引领作用，支持各地职业教育特色发展。而且，浙江省建立了教育、人社等部门定期协商工作机制，共同谋划发展规划，从而加强资源共建共享，推进职业教育培训统筹协调发展。

（二）公共职业技能培训资源共享的主要内容

1. 培训成本共担

第一，完善职业培训补贴政策，加强政府引导激励。[114-115]一是落实财政税收政策。浙江省财政统筹安排产业发展、科教类专项资金和有关财政性资金，不断加大对产业发展急需学科专业、公共实训平台和产教融合试点建设的支持力度。进一步发挥政府产业基金投资作用，引导投资机构和社会资本加大产教融合项目投资。完善财政生均拨款制度，探索建立职业教育、高等教育生均财政经费相对稳定增长机制和分类支持机制。省级以上重点实验室、重大工程中心、大科学装置和实训基地等所需科研仪器设备优先纳入政府集中采购目录，简化采购流程。企业通过经认定的公益性社会团体或县级以上政府及其部门向学校捐赠的，其捐赠按照税法规定予以税前扣除。二是落实土地政策。企业单独投资或企业与政府合作建设学校的建设用地，按教育科研用地管理，符合划拨用地目录的，可通过划拨方式供地，浙江省政府鼓励企业自愿以出让、租赁方式取得土地。鼓励各地通过免收建设规费、返还老校区资产置换地方收益等方式，支持学校产教融合项目建设。将新建重点实验室、重大工程中心、大科学装置和实训基地用地视为教育科研划拨用地，给予优先保障。

第二，积极引入市场和社会力量，鼓励企业参与。[116-118]鼓励行业龙头企业与学校合作建设紧密型产业学院。建立企业利润替代补偿机制，通过政策性补贴、税收优惠、融资支持、教育费附加减免等多种手段，引导民营企业参与和举办职业教育。支持企业建立职工培训中心。积极推行项目制培训。各地可结合实际情况向培训企业先行拨付最高50%的培训补贴资金。[119]加大对优质教育品牌民办学校土地划拨或出让使用费的优惠力度，在规划允许的情况下，对将新建校舍或公办闲置校舍交由优质教育品牌民办学校办学的，给予低租金优惠。鼓励社会资本参与教育基础设施建设和运营管理，提供专业化服务。

第三，强化金融支持。鼓励金融机构支持产教融合项目，引导银行业金融机构开发适合产教融合项目特点的多元化融资品种。支持符合条件的产教融合项目对接中国政企合作投资基金和国际金融组织。支持符合条件的企业在资本市场进行股权融资、债券融资，加大实习实训基地等产教融合项目投资。由职业学校集中统一安排的学期性实习学生保险，按照《浙江省工伤保险条例》及相关配套规定执行。加快发展学生实习责任保险和人身意外伤害保险，支持保险公司针对现代学徒制、企业新型学徒制等开发保险产品。

2. 培训资源共享

第一，培训载体共建。[120-121]一方面，浙江省政府提出加强与工作岗位对接，分类建设实训基地。充分调动各方资源，建设不同类型、不同功能、开放共享的实习实训基地。推进职业院校校内实训基地建设，更好满足原理应用、技能训练等基本教学要求；推动温、台职业院校和龙头民营企业联合建立 3～5 个实训基地，促使更多优质培训资源向中小微企业开放；支持行业企业建设一批实习实训基地，围绕十大标志性产业链，每条产业链遴选认定 3～5 家先进制造业实训基地；打造一批由政府、行业、企业、职业院校、社会培训机构等独建或合建的公共实习实训基地，探索市场化运营，面向全社会开展学生实习实训、社会培训、职业技能鉴定、社会技术服务等公共服务。另一方面，提出建设多元化培养平台。扩大技工院校培养规模，注重内涵建设，将技工学校和高级技工学校办成高级工的重要培养载体，将技师学院办成技师的重要培养载体。依托职业院校、职业培训机构、大中型企业，加快省市县三级高技能人才实训基地建设。

第二，课程、师资资源共享。[122-123]在人才培养方面，借鉴"双元制"等模式，全面推行现代学徒制和企业新型学徒制。推进理实虚一体化的教学场景建设，深化教材教法和学业考核评价改革。在师资培养方面，推动高校与地方政府、职业院校、行业企业联合培养教师，支持高水平综合性大学独立或联合高水平高职院校举办职业技术师范教育。健全"双师型"教师认定、聘用和考核等评价标准，发挥行业企业在培养"双师型"教师中的重要作用，鼓励校企共建"双师型"教师培养培训基地、企业实践基地、技能大师工作室、教师教学创新团队。完善企业经营管理者和技术人员与学校领导、骨干教师双向交流兼职制度。探索"产业教授"评聘制度，推动高水平企业工程技术人员、资深经营管理骨干、社会能工巧匠到职业院校任教。

3. 培训标准共通[124]

一方面，浙江省政府提出完善公民学习成果认定、积累和转换制度；普及个人终身学习账户，将各类社会培训、技能证书、继续教育课程和高校在线开放课程等纳入终身教育学分银行范畴；建立服务全民的终身学习档案库，构建终身教育学分互认联盟，推动学习成果转化。另一方面，提出加强与职业能力标准对接，构建具有浙江特色的职业教育标准体系。人社部门牵头做好职业技能标准开发指导工作，对接国家职业标准，研究制定职业能力标准，形成具有浙江特色的职业教育标准体系。聚焦省重点产业发展态势，组织开发一批与职业能力标准相对接、与国际先进标准接轨的专业教学标准和课程标准，支持地方标准上升为国家标准。职业院校全面落实国家和省专业教学标准，科学制定实施人才培养方案。完善教材编写、审核、选用、更新和管理机制，推动学校与行业企业合作开发教材，确保教材随产业发展及时动态更新。

4. 持续推进信息化建设[125]

2021 年，浙江省发展改革委和省教育厅颁布《浙江省教育事业发展"十四五"规划》，提出要依托"之江汇"教育广场，建设新时代城乡教育共同体智慧服务平台、职业教育产教融合智慧云平台、高校智慧思政平台和全民数字学习平台，构建全国领先的具有浙江辨识度的"互联网＋教育"一站式服务平台。推动学分互认，加强浙江省高校精品在线开放课程平台建设，深入实施"互联网＋教学"。打造支撑大规模个性化教学的互联网学校，推进"名校上云"，推出"名师金课"，高质量普及"一校一师一生一空间"，完善数字教育资源公共服务体系。鼓励教师通过在线教育提供优质资源和个性化服务，完善教学资源内容审查机制，鼓励探索将符合条件的社会机构的优质在线课程资源引入学校教育教学体系，逐步构建"公益＋市场"的双轨机制，推进在线教育可持续发展。

五、江苏省推动公共职业技能培训资源共享政策

江苏省以习近平新时代中国特色社会主义思想为指导，全面贯彻党的十八大以来有关职业技能培训的各项精神，落实省委、省政府工作部署，把职业技

能培训作为保持就业稳定、缓解结构性就业矛盾的关键举措，作为经济转型升级和高质量发展的重要支撑，大规模开展职业技能培训。党的十八大以来，江苏省人民政府、省人社厅、省教育厅、省财政厅、省总工会等出台了 20 多项公共职业技能培训共建共享政策（见附录 2）。

（一）政策特点

在培训对象上，江苏省既强调普惠均等，又突出重点。2017 年江苏省人民政府办公厅提出健全职业培训制度，做到"愿培尽培、应补尽补"，并着力做好面向低收入农村家庭子女、登记失业人员、退役士兵、残疾人等重点群体的培训。

在培训主体方面，逐渐从政府主导转变为市场主导。起初江苏省职业技能培训由政府主导，后提出由市场主导、政府推动，发挥市场配置资源的决定性作用，坚持需求导向。围绕市场急需紧缺职业开展家政、养老服务、托幼、保安、电商、汽修、电工、手工等就业技能培训；围绕江苏省重点培育的先进制造业集群、战略性新兴产业、现代服务业以及循环农业、智慧农业、智能建筑、智慧城市建设开展新产业培训；同时在培训的过程中更好地发挥政府作用，进而形成企业、职业院校、社会多方参与的职业技能培训格局。

在培训内容方面，由关注单一的技能提升到注重综合能力提升。[126]江苏省在职业教育培训中由注重职业技能提升到逐步加强职业技能、职业素质和求职能力等综合性培训，将爱国意识、职业道德、职业规范、工匠精神、质量意识、法律意识和相关法律法规、安全环保和健康卫生、就业指导等内容贯穿培训全过程。围绕促进创业开展创业意识教育、创业素质培养、创业项目指导、开业指导、企业经营管理等培训；开展人工智能、云计算、大数据、工业机器人、物联网等新职业新技能培训，培训内容愈发全面完善。

（二）公共职业技能培训资源共享的主要内容

1. 培训成本共担

第一，完善职业培训补贴政策，加强政府引导激励。[127-128]一是加大资金支持力度。江苏省政府 2019 年提出将一定比例的就业补助资金、地方人才经费和行业产业发展经费中用于职业技能培训的资金，以及从失业保险基金结余中拿出 87.7 亿元，用于职业技能提升行动。各地要统筹使用各类资金，保障职业技能提升各项政策落实。用于职业技能提升行动的失业保险基金结余在社会保障基金财政专户中单独建立"职业技能提升行动专账"，实现分账核算、专款专用。企业按规定足额提取和使用职工教育经费，其中 60％以上用于一线职工培训，可用于企业"师带徒"津贴补助。按规定凡正常支付职工工资的企业，稳岗返还资金主要用于职工技能培训等支出。推动企业提取职工教育经费开展自主培训与享受政策开展补贴性培训的有机衔接。各地可安排经费，对培训教材和培训包开发、复合型培训项目开发、师资培训、教学改革以及职业技能竞赛等基础工作给予支持，对培训组织动员工作进行奖补。二是落实财税用地等政策。省财政统筹安排产业发展类专项资金，不断加大对产业发展急需学科专业（群）、公共实训平台和产教融合试点等项目建设的支持力度。各地要统筹产业、科教等相关专项资金，加大地方支持力度。优化财政生均拨款制度，探索建立职业教育、高等教育生均拨款总额相对稳定机制和分类支持机制。

第二，积极引入市场和社会力量，鼓励企业参与。[129-133]鼓励社会各界和海外人士对技能人才培养提供捐赠和培训服务。落实企业捐资职业院校相关税收政策，通过公益性社会团体或县级以上人民政府及其部门向职业院校进行捐赠的，其捐赠按现行税收法律规定在税前扣除。完善财政贴息贷款等政策，健全民办职业院校融资机制。企业要依法履行职工教育培训和足额提取教育培训经费的责任，一般企业按职工工资总额的 1.5％足额提取教育培训经费，从业人员技能要求高、实训耗材多、培训任务重、经济效益较好的企业可按 2.5％提取，其中用于一线职工教育培训的比例不低于 60％；市、县（市、区）人民政府可统筹其中的 0.5％部分，用于发展本地区职业教育。企业发生的职工教育经费支出，按现行税收有关规定扣除。对职业教育培训成效突出的企业，返还企业职业教育经费政府统筹部分；对不按规定提取和使用教育培训经费的企业，由县级以上地方人民政府依法收取企业应当承担的职业教育经费，统筹用于本地区职业教育。探索利用境外资金发展职业教育的途径和机制。

第三，探索发展股份制、混合所有制高职院校，积极支持各类主体以独资、合资、合作等方式或以资本、知识、技术、管理等要素参与举办高等职业教育。坚持准入条件透明化、审批范围最小化，改进办学准入条件和审批环节，营造公平、有序竞争的发展环境。对举办职业学校的企业，其办学符合职业教育发展规划要求的，各地可通过政府购买服务等方式给予支持。注重发挥国有企业等骨干企业示范引领作用，支持有条件的国有企业办好做强职业学校。支持行业龙头企业建设企业大学，围绕企业及行业需求开展技术技能培训。鼓励规模以上企业安排专门机构和人员参与职业学校、高校人才培养。鼓励发展非营利性民办职业培训学校，在土地划拨或出让、规划建设、金融扶持、设置审批、项目申报和奖励评定等方面，与公办学校同等对待，并按规定落实相关税费减免政策。严格民办职业培训学校的师资、设备、场地等基本条件，规范和引导社会力量开展培训服务。建立民办职业培训学校办学质量评估体系，经评估符合条件的民办职业培训学校可转为技工院校。

第四，强化金融支持。鼓励金融机构按照风险可控、商业可持续原则支持产教融合项目。引导银行业金融机构创新服务模式，开发适合产教融合项目特点的多元化融资品种。积极支持符合条件的企业在资本市场进行股权融资、债券融资，加大实习实训基地等产教融合项目投资。加快发展学生实习责任保险和人身意外伤害保险，支持保险公司对现代学徒制、企业新型学徒制等开发保险产品，开展保险服务。

2. 培训资源共享

培训资源包括实训基地等基础平台载体资源以及课程、师资等知识资源。公共职业技能培训体系需要在培训载体和课程师资两方面都实现共享。

第一，在培训载体建设方面[134-138]，江苏省政府提出实施职业技能培训平台建设行动，加强高技能人才培训基地、公共实训基地、职业农民培育基地和创业孵化基地等载体建设，支持高危企业集中的地区建设安全生产和技能实训基地，将符合条件的纳入省级高技能人才专项公共实训基地建设范围。支持企业、院校和培训机构建设家庭服务职业培训基地。支持国家级、省级残疾人职业培训基地建设，鼓励开发残疾人适宜的培训项目。推进职业技能培训资源共建共享。推进职业训练院建设，支持其增加培训工种（项目）。健全覆盖重点和特色行业的技能大师工作室体系，逐步形成覆盖全省的技能实训和创业实训网络。支持和鼓励企业、院校、社会团体建设集训基地。此外，江苏省政府还制定了《江苏省职业教育校企合作促进条例》，推进校企合作制度化。职业学校新设专业原则上应有相关行业企业参与。推行面向企业真实生产环境的任务式培养模式，支持职业学校以引企驻校、引校进企、校企一体等方式，开展学校与企业、专业与企业、班级与企业等多层次合作办学，建立招生、人才培养、就业联动机制。推动百所职业学校与千家企业订单培养技能人才。支持企业深度参与职业学校、高校教育教学改革和学校专业规划、课程设置、教材开发、实习实训等工作，促进企业需求融入人才培养环节。鼓励高校在企业设立研究生工作站，构建产教研一体化平台。支持企业依托或联合职业学校、高校设立产业学院和企业工作室、工程中心、实验室、创新基地、实践基地。支持职业学校通过场地、设备租赁等方式与企业共建生产型实训基地和职业技能竞赛训练场地。

第二，在课程、师资资源方面的共建共享主要体现在学科规划、现代学徒制、"双师"制以及产教融合教师队伍建设四个方面。[139-143]在学科规划方面，进一步强化学科专业规划，围绕产业链、创新链和不断发展的新技术、新产业、新业态、新模式，及时调整专业设置。建立行业和企业参与的学科专业设置评议制度，形成根据社会需求、学校能力和行业指导科学设置新专业的机制。改变专业设置盲目追求招生数量的倾向，集中力量办好地方急需、优势突出、特色鲜明的学科专业。针对江苏产业集群式发展的特点和规律，联合行业主管部门和行业组织，制定重点专业集群建设规划。服务创新发展主干产业需要，大力发展与智慧制造、现代服务、现代农业相适应的专业集群。服务培育先进制造业集群，加快发展新型电力（新能源）装备、工程机械、物联网、前沿新材料、生物医药和新型医疗器械、纺织服装、集成电路、海工装备和高技术船舶、高端装备、节能环保、核心信息技术、汽车及零部件、新型显示等13个产业集群的相关学科专业。

在现代学徒制方面，开展校企联合招生、联合培养的现代学徒制试点，推进校企一体化育人。推行工学结合、校企合作的技术工人培养模式，在技术性、实践性较强的专业，全面推行现代学徒制和企业新型学徒制，推动学校招生和企业招工相衔接，明确学生学徒"双重身份"，强化学校和企业"双主体"实施，推进学历与技能并重的人才培养模式。开发现代学徒制和企业新型学徒制省级管理服务平台，制定推广学徒制工作规范和教学标准。大力发展校企双制、工学一体的技工教育。强化教学、学习、实训相融合的教育教学活动，推行项目教学、案例教学、工作过程导向教学等教学模式。对接企业生产服务智能化流程，加快职业教育专业教学内容和方法智能化改造。强化实践教学，应用型本科院校学生在校期间参加实习实训时间累计不少于 1 学年，职业学校实践性教学课时不少于总课时的 50%。

在"双师"制方面，加强"双师型"教师队伍建设，支持教师到企业兼职，选聘企业技术带头人到高职院校担任产业教授，实现高职院校教师与企业技术专家双向流动、两栖发展。优化高职院校师资队伍结构，提高高层次专任教师比例，鼓励支持符合条件的高职院校优秀教师到研究生培养单位兼任专业学位研究生导师。全面提高教师实践教学能力、应用技术研发水平，开展实践创新人才和技能教学大师评选，培养高职教育名师、技能大师，建设优秀教学团队。严格落实专业课教师每 5 年累计不少于 6 个月赴企业实践制度，新入职专业课教师前 3 年应在企业连续实践 6 个月以上。完善职业学校教师考核评价制度，"双师型""一体化"教师考核评价要充分体现技能水平和专业教学能力。推动职业学校、应用型本科高校与大中型企业合作建设"双师型""一体化"教师培养培训基地。

在产教融合教师队伍建设方面，建立企业经营管理者、技术能手与职业学校管理者、骨干教师相互兼职制度。建立职业学校教师引进绿色通道，对世界技能大赛前三名选手、全国一类职业技能竞赛第一名选手、人力资源和社会保障部"中华技能大奖"获得者、省政府授予的"江苏技能状元""江苏工匠"，经人力资源和社会保障部门认定后，可由招聘院校自主考核录用入编。中等职业学校可以通过公开招聘先行聘用特殊紧缺岗位的专业课教师，但被聘用人员应当在聘用之日起 3 年内取得相应教师资格，否则予以解聘。推动固定岗和流动岗相结合的职业学校教师人事管理制度改革，职业学校可根据实际缺编数量在教职工总额中安排一定比例或者通过流动岗位等形式，面向社会和企业聘用经营管理人员、专业技术人员、高技能人才等担任兼职教师，探索产业教师（导师）特设岗位计划。建立"乡土人才"、非物质文化遗产传承人等到职业学校兼职授课制度。优化高校教师结构，鼓励高校加大聘用具有职业学校和行业企业工作经历教师的力度。

3. 培训标准共通

2019 年，江苏省政府颁布《关于推行终身职业技能培训制度的实施意见》，提出建立劳动者终身职业技能培训成果积累和转换制度，建立和完善江苏终身学习学分银行，促进学历与非学历教育衔接互通，构建普通教育、职业教育和职业培训以及业绩成果互认的制度体系。省政府办公厅《关于印发江苏高等职业教育创新发展卓越计划的通知》提出，制定职业资格与相应的职称、学历比照认定制度，建立职业资格证书与职业教育学历证书的对应衔接机制。省政府《关于加快推进现代职业教育体系建设的实施意见》提出，推动职业院校与企业行业共同开展技能人才需求预测、专业开发、标准制定、教学实施等。成立行业、企业、院校等多方参与的行业指导委员会，颁布行业人才培养标准。在国内与国际职业教育标准共融方面，省政府办公厅《关于加强技能人才队伍建设促进产业转型升级的意见》提出，参与制定职业教育国际标准，推动职业院校专业课程与国际通用职业资格证书要求相衔接。开展技术技能人才培养中外合作课程改革试点，着力引进国际先进的职业标准、专业课程、教材体系和数字化教育资源，推动专业核心课程与国际通用职业资格证书相衔接。加强教师交流、学生交换、学分互认，支持师生海外学习、实习和工作。

4. 持续推进信息化建设[144-148]

江苏省政府提出，建立公共管理服务信息化平台。鼓励有关部门、行业、企业、教育机构运用云计算、大数据等信息技术，建设市场化、专业化、互联互通、开放共享的产教融合信息服务平台，向各类主体提供精准化产教融合信息发布、检索、推荐和相关增值服务。结合"智慧江苏"建设，推进高职院校建设基于云架构的信息基础设施平台、数据共享平台、综合管理服务平台，推动一批高水平高职院校率先建成智慧校园，打造高速、泛在、安全的网络环境。积极培育市场导向、对接供需、精准服务、规范运作的产教融合服务组织和企业。积极支持社会第三方机构开展产教融合效能评价，建立健全以行政为主导、企业与学校为主体、相关部门指导、第三方有效参与的统计评价体系。

此外，大力建设网络学习平台，建设网络学习空间、名师课堂、众创空间等各类学习载体，构建数字化、网络化、智能化、个性化的线上线下协同教育新体系。鼓励劳动者在线学习，建立劳动者技能培训电子档案和学分累计制度，学员在线学习课时可按比例计入培训总课时。

六、北京市推动公共职业技能培训资源共享政策

党的十八大以来，北京市委市政府、市教委、市人社局等共制定了约 20 项政策（见附录 2）推动公共职业技能培训共建共享，主要包括培训资金共担、培训资源共享、培训标准共通、培训系统共融、京津冀协同发展等方面。

（一）培训资金共担

第一，政府对于实训基地及企业的补贴。北京市教委、市财政局、市人社局印发的《北京市特色高水平职业院校、骨干专业和实训基地（工程师学院和技术技能大师工作室）建设项目管理办法》明确规定，针对高水平实训基地（工程师学院和技术技能大师工作室项目），采取财政与企业按 4∶1 配套投入的方式予以支持，同时财政投入的最高额度不超过 1 500 万元。北京经济技术开发区《关于鼓励企业开展共享优质培训资源工作的通知》提出，培训企业自 2019 年 1 月 1 日起通过自主开发教材、培养师资、对外开放培训资源、进行线上线下分享等各种培训方式，为在经开区注册纳税的其他企业（以下简称参训企业）职工（包括劳务派遣人员）进行职业技能培训，经经开区社会事业局备案审核通过的共享培训项目，按照每个项目每人每学时（不低于 45 分钟）150 元的标准给予培训企业培训补贴，每个项目每年度最高不超过 50 万元。

第二，通过优惠政策激励社会力量参与。为深化产教融合，创新体制机制，激发企业参与职业教育活力，北京市教委、市发展改革委、市人社局、市财政局印发的《关于深化职业教育改革的若干意见》提出，建立立产教融合型企业认证制度，在北京重点发展的产业中遴选信用好、热心教育的企业认定为产教融合型企业，给予"金融＋财政＋土地＋信用"的组合式激励，并按规定落实相关税收优惠政策。鼓励试点企业以多种方式依法参与举办职业教育，可

按投资额的 30% 抵免该企业当年应缴教育费附加和地方教育附加。

（二）培训资源共享

第一，建设产教融合的高水平实训基地。通过引企驻校、引校入企、校企一体等方式，共同打造一批集高水平实训、应用技术研发、工艺与产品开发于一体的共享型实训基地或生产性实训基地。北京市重点开展特色高水平实训基地（工程师学院和技术技能大师工作室）建设。重点建设 100 个左右人才培育、资源共享、技术创新、社会服务四位一体的"产教共同体"，逐步打造一批精准对接产业需求，政府主导、行业指导、企业重要主体作用突出，社会组织共同参与，体制机制创新，具有辐射引领作用的高水平专业化产教融合创新平台。

第二，打造高水平"双师型"教师队伍。一是落实产教融合、校企"双元"育人发展目标，构建具有首都职业教育特色的"双师型"教师队伍建设体系和认证体系。《北京市职业院校"双师型"教师认定办法（试行）》要求落实教师 5 年一周期的全员轮训制度，不断提高职业院校"双师型"教师占专业课教师的比例，促进首都职业院校教师理论教学和实践教学能力全面提升。推进校企互聘，鼓励职业院校聘请企业人员到学校兼职任教，并承担完整的课程教学任务。建设校、企人员双向交流协作共同体，从产教融合型企业中，遴选建立 20 个左右职业院校教师企业创新实践基地，用于教师专业培训、教研科研、技术创新等。

（三）培训标准共通

北京市努力推进学历证书和职业技能等级证书的有机衔接，开展高质量的职业技能等级证书培训。深化职业教育"学分银行"制度。完善老年教育服务体系，依托北京开放大学设立北京老年开放大学。

一是通过"学分银行"探索成果认定转化机制。北京市学分银行服务于在京各机构单位和全体市民，开展学校之间、校企之间的交流与合作，探索与实践不同类型学习成果的存储、认定与转换，推进学历教育与非学历教育、职前教育与职后教育以及各级各类教育的衔接和融通，搭建北京终身教育平台，服务学习型城市建设。[149]

二是推进资格证书的有机衔接。北京市教委印发的《教育领域开放改革三年行动计划》提出，引进一批国际知名的职业资格证书，积极寻求国外职业教育机构、国际培训评价组织或行业协会与优质职业院校开展合作，探索在北京合作创办国际职业资格培训中心或国际教育考试中心。通过积极引入国际知名的职业资格证书，进一步提高北京高端技术技能人才培养的开放性。

（四）培训系统共融

北京市立足建立多层次全方位的全民职业技能培训体系。充分利用职业院校办学资源开展大中小学生职业体验教育，增强学生的职业认知和实践动手能力；大力支持职业院校面向大中专学生开展创业就业指导。鼓励职业院校开展多种形式职业培训，建立公益性农民培训制度，结合农村发展实际和需求，开展新型职业农民培训和农村技术人员再培训，为"农转居"人员提供有针对性的技能培训。建立职业院校服务社区机制，开设社区教育课程，构建终身学习服务体系，推进学习型城市建设。

（五）京津冀协同发展

一是协作开展技能人才培养培训。技能人才培养培训是京津冀职业教育协同发展的主要内容之一，也是发挥京津两市办学条件优势和河北省生源优势的主要方面。技能人才培养培训大体可以分为长学制人才培养和学生短期技能培训与交流两类。长学制人才培养包括计划内招生和联合办学两种形式，学生短期技能培训与交流则包括短期技能培训、学生技能竞赛、访学、文化交流等。二是多措并举提升教师队伍能力。教师队伍能力提升主要有跟岗研修、挂职锻炼、教师培训、教师支教、教学能力比赛几种途径。三是共享、捐赠、共建教学资源。包括免费开放课程资源、免费开放共享型实训基地、援建实训设施、捐赠实训设备、协助引入企业资源等。四是开展社会培训和研究咨询，面向城乡干部、农民和企业职工开展培训。包括职业院校跨地域开展城乡干部培训、新型职业农民培训、企业在职职工培训等形式。

附录 2

2012—2021 年国家层面和部分省份
相关政策汇总

附表 1　国家层面公共职业技能培训共建共享相关政策一览表

年份	政策文件名	颁布单位
2012	《关于组织实施万名农技推广骨干人才培养计划的通知》	农业部
2012	《关于开展全国农机职业技能培训和鉴定示范基地创建活动的通知》	农业部
2013	《关于深化中小学教师培训模式改革全面提升培训质量的指导意见》	教育部
2013	《2011—2020 年农业职业技能开发工作规划》	农业部
2013	《国家级专业技术人员继续教育基地管理办法》	人力资源和社会保障部
2014	《农民工职业技能提升计划——"春潮行动"实施方案》	人力资源和社会保障部
2014	《国家民委双语人才培训基地管理办法（试行）》	国家民委
2014	《国务院关于加快发展现代职业教育的决定》	国务院
2014	《关于创新服务外包人才培养机制提升服务外包产业发展能力的意见》	教育部、商务部
2014	《关于加快推进养老服务业人才培养的意见》	教育部等 9 个部门
2014	《现代职业教育体系建设规划（2014—2020 年）》	教育部等 6 个部门

续表

年份	政策文件名	颁布单位
2014	《边远贫困地区、边疆民族地区和革命老区人才支持计划科技人员专项计划实施方案》	科技部、中组部、财政部、人力资源和社会保障部、国务院扶贫办
2014	《关于做好 2014 年农民培训工作的通知》	农业部、财政部
2014	《关于推进技工院校改革创新的若干意见》	人力资源和社会保障部
2014	《专家服务基地建设管理办法》	人力资源和社会保障部
2015	《关于改革实施中小学幼儿园教师国家级培训计划的通知》	教育部、财政部
2015	《关于建立完善以改革和绩效为导向的生均拨款制度加快发展现代高等职业教育的意见》	财政部、教育部
2015	《老工业基地产业转型技术技能人才双元培育改革试点方案》	国家发展改革委
2015	《加快发展现代旅游职业教育的指导意见》	国家旅游局、教育部
2015	《关于加快发展邮政行业职业教育的指导意见》	国家邮政局、教育部
2015	《关于积极推进"互联网＋"行动的指导意见》	国务院
2015	《关于大力发展电子商务加快培育经济新动力的意见》	国务院
2015	《关于推进线上线下互动加快商贸流通创新发展转型升级的意见》	国务院办公厅
2015	《关于加强雨露计划支持农村贫困家庭新成长劳动力接受职业教育的意见》	国务院扶贫办、教育部、人力资源和社会保障部
2015	《关于深入推进职业教育集团化办学的意见》	教育部
2015	《关于深化职业教育教学改革全面提高人才培养质量的若干意见》	教育部
2015	《高等职业教育创新发展行动计划（2015—2018 年）》	教育部
2015	《关于开展农民手机应用技能培训提升信息化能力的通知》	农业部
2015	《关于进一步推进创业培训工作的指导意见》	人力资源和社会保障部
2015	《关于做好技师学院、特殊教育院校部分毕业生同等享受高校毕业生就业政策工作的通知》	人力资源和社会保障部、中国残疾人联合会
2015	《关于建筑工人职业培训合格证有关事项的通知》	住房和城乡建设部

续表

年份	政策文件名	颁布单位
2016	《职业教育专业教学资源库建设资金管理办法》	教育部
2016	《关于与相关单位共同推进农民手机应用技能培训工作的通知》	农业部
2016	《关于加强工会社会工作专业人才队伍建设的指导意见》	全国总工会、民政部、人力资源和社会保障部
2016	《中外合作职业技能培训办学管理办法》	人力资源和社会保障部
2016	《关于加强基层专业技术人才队伍建设的意见》	人力资源和社会保障部
2016	《关于印发技工教育"十三五"规划的通知》	人力资源和社会保障部
2016	《关于实施化解过剩产能企业职工特别职业培训计划的通知》	人力资源和社会保障部
2016	《关于加快推进公共就业服务信息化建设和应用工作的指导意见》	人力资源和社会保障部
2016	《关于加强网络安全学科建设和人才培养的意见》	人力资源和社会保障部
2016	《残疾人职业技能提升计划（2016—2020 年)》	人力资源和社会保障部、中国残疾人联合会
2016	《巾帼家政服务专项培训工程实施方案》	人力资源和社会保障部、全国妇联
2016	《关于深化人才发展体制机制改革的意见》	中共中央
2017	《新时期产业工人队伍建设改革方案》	中共中央、国务院
2017	《关于推动国防科技工业军民融合深度发展的意见》	国务院办公厅
2017	《关于深化产教融合的若干意见》	国务院办公厅
2017	《关于进一步推进职业教育信息化发展的指导意见》	教育部
2017	《贯彻落实〈职业教育东西协作行动计划（2016—2020 年)〉实施方案》	教育部、国务院扶贫办
2017	《关于推进公共就业服务专业化的意见》	人力资源和社会保障部
2017	《商贸物流发展"十三五"规划》	商务部、国家发展改革委、国土资源部、交通运输部、国家邮政局
2018	《关于"人才兴粮"的实施意见》	国家发展改革委、国家粮食和物资储备局、教育部、人力资源和社会保障部

续表

年份	政策文件名	颁布单位
2018	《关于发展数字经济 稳定并扩大就业的指导意见》	国家发展改革委等 19 个部门
2018	《关于提升公共职业技能培训基础能力的指导意见》	国家发展改革委等 11 个部门
2018	《国务院关于推行终身职业技能培训制度的意见》	国务院
2018	《关于规范校外培训机构发展的意见》	国务院办公厅
2018	《关于开展职业教育校企深度合作项目建设工作的通知》	教育部
2018	《现代农业人才支撑计划项目资金管理办法》	农业部
2018	《关于在工程技术领域实现高技能人才与工程技术人才职业发展贯通的意见（试行）》	人力资源和社会保障部
2018	《关于全面推行企业新型学徒制的意见》	人力资源和社会保障部、财政部
2018	《关于进一步加大就业扶贫政策支持力度着力提高劳务组织化程度的通知》	人力资源和社会保障部、财政部
2018	《关于开展深度贫困地区技能扶贫行动的通知》	人力资源和社会保障部、国务院扶贫办
2018	《关于分类推进人才评价机制改革的指导意见》	中共中央办公厅、国务院办公厅
2018	《关于提高技术工人待遇的意见》	中共中央办公厅、国务院办公厅
2018	《关于深化项目评审、人才评价、机构评估改革的意见》	中共中央办公厅、国务院办公厅
2019	《关于下达 2019 年现代职业教育质量提升计划专项资金预算的通知》	财政部、教育部
2019	《关于印发 2019 年东部城市支持西部地区人才培训计划的通知》	国家发展改革委
2019	《关于印发国家职业教育改革实施方案的通知》	国务院
2019	《关于印发职业技能提升行动方案（2019—2021 年）的通知》	国务院办公厅
2019	《关于深入学习贯彻〈国家职业教育改革实施方案〉的通知》	教育部
2019	《关于职业院校专业人才培养方案制订与实施工作的指导意见》	教育部

续表

年份	政策文件名	颁布单位
2019	《关于办好深度贫困地区职业教育助力脱贫攻坚的指导意见》	教育部
2019	《深化新时代职业教育"双师型"教师队伍建设改革实施方案》	教育部、国家发展改革委、财政部、人力资源和社会保障部
2019	《关于在院校实施"学历证书＋若干职业技能等级证书"制度试点方案》	教育部、国家发展改革委、财政部、市场监管总局
2019	《关于全面做好退役士兵职业教育工作的通知》	教育部、退役军人事务部、财政部
2019	《关于教育支持社会服务产业发展 提高紧缺人才培养培训质量的意见》	教育部等 7 个部门
2019	《职业院校全面开展职业培训 促进就业创业行动计划》	教育部等 14 个部门
2019	《新生代农民工职业技能提升计划（2019—2022 年）》	人力资源和社会保障部
2019	《关于做好职业技能提升行动专账资金使用管理工作的通知》	人力资源和社会保障部、财政部
2019	《关于深入推进技能脱贫千校行动的实施意见》	人力资源和社会保障部、国务院扶贫办
2019	《关于进一步加强由政府安排工作退役士兵就业安置工作的意见》	退役军人事务部等 10 个部门
2019	《关于改进住房和城乡建设领域施工现场专业人员职业培训工作的指导意见》	住房和城乡建设部
2019	《关于推进住房和城乡建设领域施工现场专业人员职业培训工作的通知》	住房和城乡建设部
2020	《关于推动公共实训基地共建共享的指导意见》	国家发展改革委
2020	《关于应对新型冠状病毒感染肺炎疫情 支持鼓励劳动者参与线上职业技能培训的通知》（已废止）	国家发展改革委、人力资源和社会保障部、工业和信息化部、全国总工会
2020	《关于印发工业通信业职业技能提升行动计划实施方案的通知》	工业和信息化部、人力资源和社会保障部
2020	《关于健全支持中小企业发展制度的若干意见》	工业和信息化部等 17 个部门

续表

年份	政策文件名	颁布单位
2020	《关于进一步促进服务型制造发展的指导意见》	工业和信息化部等15个部门
2020	《关于深化本科教育教学改革全面提高人才培养质量的意见》	教育部
2020	《职业教育提质培优行动计划（2020—2023年）》	教育部等9个部门
2020	《关于加强技工院校劳动教育的实施意见》	人力资源和社会保障部
2020	《关于印发农民工稳就业职业技能培训计划的通知》	人力资源和社会保障部
2020	《关于实施职业技能提升行动创业培训"马兰花计划"的通知》	人力资源和社会保障部
2020	《关于实施职业技能提升行动"互联网＋职业技能培训计划"的通知》	人力资源和社会保障部、财政部
2020	《关于印发百万青年技能培训行动方案的通知》	人力资源和社会保障部、财政部、共青团中央
2020	《关于实施康养职业技能培训计划的通知》	人力资源和社会保障部、民政部、财政部、商务部、全国妇联
2020	《关于巩固拓展家政扶贫工作的通知》	商务部等10个部门
2020	《关于创新方式安全有序开展2020年农村实用人才带头人和大学生村官示范培训工作的通知》	中共中央组织部、农业农村部
2021	《教育强国推进工程（公共实训基地建设方向）中央预算内投资专项管理办法》	国家发展改革委
2021	《"十四五"信息化和工业化深度融合发展规划》	工业和信息化部
2021	《关于加快培育发展制造业优质企业的指导意见》	工业和信息化部等6个部门
2021	《关于支持女性科技人才在科技创新中发挥更大作用的若干措施》	科技部等13个部门
2021	《关于利用全国农业远程教育平台开展2021年农业科技人员知识更新培训的通知》	农业农村部
2021	《关于印发"技能中国行动"实施方案的通知》	人力资源和社会保障部
2021	《关于印发技工教育"十四五"规划的通知》	人力资源和社会保障部
2021	《关于进一步加强高技能人才与专业技术人才职业发展贯通的实施意见》	人力资源和社会保障部

续表

年份	政策文件名	颁布单位
2021	《专业技术人才知识更新工程数字技术工程师培育项目实施办法》	人力资源和社会保障部
2021	《关于充分发挥职业技能提升行动专账资金效能 扎实推进职业技能提升行动的通知》	人力资源和社会保障部、财政部
2021	《关于拓宽职业技能培训资金使用范围提升使用效能的通知》	人力资源和社会保障部、财政部
2021	《关于全面推行中国特色企业新型学徒制 加强技能人才培养的指导意见》	人力资源和社会保障部、财政部、国务院国资委、中华全国总工会、全国工商联
2021	《关于加快推进乡村人才振兴的意见》	中共中央办公厅、国务院办公厅
2021	《关于推动现代职业教育高质量发展的意见》	中共中央办公厅、国务院办公厅
2021	《"十四五"职业技能培训规划》	人力资源和社会保障部、教育部、国家发展改革委、财政部

资料来源：本书编者根据中国政府网、各个部委官方网站的公开政策信息梳理而成。

附表 2　不同受训群体的公共职业技能培训政策

面对群体	年份	政策文件名	颁布单位
低收入人员	2015	《关于加强雨露计划支持农村贫困家庭新成长劳动力接受职业教育的意见》	国务院扶贫办、教育部、人力资源和社会保障部
	2018	《关于进一步加大就业扶贫政策支持力度 着力提高劳务组织化程度的通知》	人力资源和社会保障部、财政部
	2018	《关于开展深度贫困地区技能扶贫行动的通知》	人力资源和社会保障部、国务院扶贫办
	2019	《关于办好深度贫困地区职业教育助力脱贫攻坚的指导意见》	教育部
	2019	《关于深入推进技能脱贫千校行动的实施意见》	人力资源和社会保障部、国务院扶贫办

续表

面对群体	年份	政策文件名	颁布单位
农民农村	2014	《关于做好 2014 年农民培训工作的通知》	农业部、财政部
	2015	《关于开展农民手机应用技能培训提升信息化能力的通知》	农业部
	2016	《关于与相关单位共同推进农民手机应用技能培训工作的通知》	农业部
	2020	《关于创新方式安全有序开展 2020 年农村实用人才带头人和大学生村官示范培训工作的通知》	中共中央组织部、农业农村部
	2021	《关于加快推进乡村人才振兴的意见》	中共中央办公厅、国务院办公厅
农民工	2014	《农民工职业技能提升计划——"春潮行动"实施方案》	人力资源和社会保障部
	2019	《新生代农民工职业技能提升计划（2019—2022 年）》	人力资源和社会保障部
	2020	《关于印发农民工稳就业职业技能培训计划的通知》	人力资源和社会保障部
妇女	2016	《巾帼家政服务专项培训工程实施方案》	人力资源和社会保障部、全国妇联
	2020	《关于实施康养职业技能培训计划的通知》	人力资源和社会保障部、民政部、财政部、商务部、全国妇联
	2021	《关于支持女性科技人才在科技创新中发挥更大作用的若干措施》	科技部等 13 个部门
残疾人士	2015	《关于做好技师学院、特殊教育院校部分毕业生同等享受高校毕业生就业政策工作的通知》	人力资源和社会保障部、中国残疾人联合会
	2016	《残疾人职业技能提升计划（2016—2020 年）》	人力资源和社会保障部、中国残疾人联合会
退役士兵	2019	《关于全面做好退役士兵职业教育工作的通知》	教育部、退役军人事务部、财政部
	2019	《关于进一步加强由政府安排工作退役士兵就业安置工作的意见》	退役军人事务部等 10 个部门

续表

面对群体	年份	政策文件名	颁布单位
青年人员	2020	《关于印发百万青年技能培训行动方案的通知》	人力资源和社会保障部、财政部、共青团中央
创业者	2015	《关于进一步推进创业培训工作的指导意见》	人力资源和社会保障部
	2020	《关于健全支持中小企业发展制度的若干意见》	工业和信息化部等 17 个部门
	2020	《关于实施职业技能提升行动创业培训"马兰花计划"的通知》	人力资源和社会保障部
过剩产能企业职工	2016	《关于实施化解过剩产能企业职工特别职业培训计划的通知》	人力资源和社会保障部

附表 3　不同行业的公共职业技能培训相关政策

针对行业	年份	政策文件名	颁布单位
农业	2012	《关于组织实施万名农技推广骨干人才培养计划的通知》	农业部
	2012	《关于开展全国农机职业技能培训和鉴定示范基地创建活动的通知》	农业部
	2013	《2011—2020 年农业职业技能开发工作规划》	农业部
	2018	《关于"人才兴粮"的实施意见》	国家发展改革委、国家粮食和物资储备局、教育部、人力资源和社会保障部
	2018	《现代农业人才支撑计划项目资金管理办法》	农业部
	2021	《关于利用全国农业远程教育平台开展 2021 年农业科技人员知识更新培训的通知》	农业农村部
教育	2013	《关于深化中小学教师培训模式改革全面提升培训质量的指导意见》	教育部
	2014	《国家民委双语人才培训基地管理办法（试行）》	国家民委

续表

针对行业	年份	政策文件名	颁布单位
教育	2015	《关于改革实施中小学幼儿园教师国家级培训计划的通知》	教育部、财政部
	2018	《关于规范校外培训机构发展的意见》	国务院办公厅
	2019	《关于印发国家职业教育改革实施方案的通知》	国务院
	2020	《关于深化本科教育教学改革全面提高人才培养质量的意见》	教育部
现代服务业	2014	《关于创新服务外包人才培养机制提升服务外包产业发展能力的意见》	教育部、商务部
	2014	《关于加快推进养老服务业人才培养的意见》	教育部等 9 个部门
	2015	《加快发展现代旅游职业教育的指导意见》	国家旅游局、教育部
	2015	《关于加快发展邮政行业职业教育的指导意见》	国家邮政局、教育部
	2015	《关于大力发展电子商务加快培育经济新动力的意见》	国务院
	2015	《关于推进线上线下互动加快商贸流通创新发展转型升级的意见》	国务院办公厅
	2016	《关于加强工会社会工作专业人才队伍建设的指导意见》	全国总工会、民政部、人力资源和社会保障部
	2016	《关于加快推进公共就业服务信息化建设和应用工作的指导意见》	人力资源和社会保障部
	2017	《关于推进公共就业服务专业化的意见》	人力资源和社会保障部
	2017	《商贸物流发展"十三五"规划》	商务部、国家发展改革委、国土资源部、交通运输部、国家邮政局
	2019	《关于教育支持社会服务产业发展 提高紧缺人才培养培训质量的意见》	教育部等 7 个部门

续表

针对行业	年份	政策文件名	颁布单位
建筑工程业	2015	《关于建筑工人职业培训合格证有关事项的通知》	住房和城乡建设部
	2018	《关于在工程技术领域实现高技能人才与工程技术人才职业发展贯通的意见（试行）》	人力资源和社会保障部
	2019	《关于改进住房和城乡建设领域施工现场专业人员职业培训工作的指导意见》	住房和城乡建设部
	2019	《关于推进住房和城乡建设领域施工现场专业人员职业培训工作的通知》	住房和城乡建设部
科技工业与制造业	2016	《关于加强网络安全学科建设和人才培养的意见》	人力资源和社会保障部
	2017	《关于推动国防科技工业军民融合深度发展的意见》	国务院办公厅
	2020	《关于印发工业通信业职业技能提升行动计划实施方案的通知》	工业和信息化部、人力资源和社会保障部
	2020	《关于进一步促进服务型制造发展的指导意见》	工业和信息化部等15个部门
	2021	《"十四五"信息化和工业化深度融合发展规划》	工业和信息化部
	2021	《关于加快培育发展制造业优质企业的指导意见》	工业和信息化部等6个部门
	2021	《专业技术人才知识更新工程数字技术工程师培育项目实施办法》	人力资源和社会保障部

附表4　推动公共职业技能培训区域协调发展的相关政策

对应地区	年份	政策文件名	颁布单位
低收入地区、边疆民族地区和革命老区	2014	《边远贫困地区、边疆民族地区和革命老区人才支持计划科技人员专项计划实施方案》	科技部、中组部、财政部、人力资源和社会保障部、国务院扶贫办

续表

对应地区	年份	政策文件名	颁布单位
东北老工业基地	2015	《老工业基地产业转型技术技能人才双元培育改革试点方案》	国家发展改革委
东西部合作	2017	《贯彻落实〈职业教育东西协作行动计划（2016—2020 年）〉实施方案》	教育部、国务院扶贫办
	2019	《关于印发 2019 年东部城市支持西部地区人才培训计划的通知》	国家发展改革委

附表 5 培训载体共建共享的相关政策

年份	政策文件名	颁布单位
2016	《中外合作职业技能培训办学管理办法》	人力资源和社会保障部
2016	《关于加强基层专业技术人才队伍建设的意见》	人力资源和社会保障部
2018	《关于提升公共职业技能培训基础能力的指导意见》	国家发展改革委等 11 个部门
2020	《关于推动公共实训基地共建共享的指导意见》	国家发展改革委

附表 6 广东省公共职业技能培训资源共享相关政策一览表

年份	政策文件名	颁布单位
2014	《关于进一步明确劳动力技能晋升培训有关问题的通知》	广东省人力资源和社会保障厅、广东省财政厅
2014	《关于进一步落实劳动力技能晋升培训政策的意见》	广东省人力资源和社会保障厅、广东省财政厅
2014	《关于印发〈广东省省级劳动力培训转移就业专项资金管理办法〉的通知》	广东省财政厅、广东省人力资源和社会保障厅
2015	《广东省人力资源和社会保障厅关于职业技能鉴定所（站）的管理办法》	广东省人力资源和社会保障厅
2015	《关于开展 2015 年高等职业院校高层次技能型兼职教师认定工作的通知》	广东省教育厅
2016	《关于大力开展职业教育现代学徒制试点工作的实施意见》	广东省教育厅、广东省经济和信息化委员会、广东省财政厅、广东省人力资源和社会保障厅
2016	《关于做好全省创业培训定点机构认定职能下放承接工作的通知》	广东省人力资源和社会保障厅

续表

年份	政策文件名	颁布单位
2017	《关于失业保险支持参保职工提升职业技能有关问题的通知》	广东省人力资源和社会保障厅、广东省财政厅
2018	《关于印发〈广东省"粤菜师傅"烹饪技能标准开发及评价认定框架指引〉的通知》	广东省人力资源和社会保障厅
2018	《关于印发〈民办培训机构的设置标准〉的通知》	广东省教育厅、广东省人力资源和社会保障厅、广东省民政厅、广东省工商行政管理局
2019	《关于印发广东省职业技能提升行动实施方案（2019—2021年）的通知》	广东省人民政府办公厅
2019	《关于印发〈广东省全面推行企业新型学徒制实施方案〉的通知》	广东省人力资源和社会保障厅、广东省财政厅
2019	《关于印发广东省职业教育"扩容、提质、强服务"三年行动计划（2019—2021年）的通知》	广东省人民政府办公厅
2019	《关于印发〈关于在工程技术领域实现高技能人才与工程技术人才职业发展贯通的实施方案〉的通知》	广东省人力资源和社会保障厅
2019	《关于印发广东省职业技能提升培训补贴申领管理办法的通知》	广东省人力资源和社会保障厅、广东省财政厅
2019	《关于印发〈2020年广东省职业技能鉴定公告〉的通知》	广东省职业技能鉴定指导中心
2019	《关于在广东省开展企业职业技能等级认定试点工作的通知》	广东省人力资源和社会保障厅
2020	《关于印发〈广东省职业技能培训合格证书管理办法〉的通知》	广东省人力资源和社会保障厅
2020	《关于印发〈广东省职业技能培训课程标准开发技术规程（试行）〉的通知》	广东省人力资源和社会保障厅
2020	《关于印发广东省职业技能提升各职业（工种）及专项职业能力补贴（指导）标准的通知》	广东省人力资源和社会保障厅
2020	《关于印发〈广东省人力资源和社会保障厅关于职业技能鉴定所（站）的管理办法〉的通知》	广东省人力资源和社会保障厅

续表

年份	政策文件名	颁布单位
2020	《关于公布广东省职业技能等级认定试点技工院校名单的通知》	广东省人力资源和社会保障厅
2020	《关于在我省开展技工院校职业技能等级认定试点工作的通知》	广东省人力资源和社会保障厅

资料来源：本书编者根据广东省人民政府网等官方网站的公开政策信息梳理而成。

附表 7　四川省公共职业技能培训资源共享相关政策一览表

年份	政策文件名	颁布单位
2013	《四川省人民政府办公厅转发人力资源社会保障厅等部门关于加强企业技能人才队伍建设的实施意见的通知》	四川省人民政府办公厅
2014	《关于加快发展现代职业教育的实施意见》	四川省人民政府
2015	《关于开展现代学徒制试点工作的实施意见》	四川省教育厅、四川省经济和信息化委员会
2015	《关于加快新型职业农民培育工作的意见》	四川省人民政府办公厅
2015	《关于支持农民工和农民企业家返乡创业的实施意见》	四川省人民政府办公厅
2016	《四川省高等职业教育创新发展行动计划总体实施方案》	四川省教育厅
2016	《关于印发〈四川省高等职业教育创新发展行动计划总体实施方案〉的通知》	四川省教育厅
2018	《关于印发"天府工匠"培养工程实施方案的通知》	四川省人民政府办公厅
2018	《关于公布四川省 2018 年度国家级省级高技能人才培训基地建设项目名单的通知》	四川省人力资源和社会保障厅、四川省财政厅
2019	《关于印发四川省职业技能提升行动实施方案（2019—2021 年）的通知》	四川省人民政府办公厅
2020	《关于公布四川省 2020 年度国家级高技能人才培训基地建设项目名单的通知》	四川省人力资源和社会保障厅、四川省财政厅
2020	《关于印发〈四川省省本级企业职工职业技能培训实施办法〉的通知》	四川省人力资源和社会保障厅、四川省财政厅

续表

年份	政策文件名	颁布单位
2020	《关于开展第三方评价机构职业技能等级认定试点工作的通知》	四川省人社厅职建处、四川省职业技能鉴定指导中心
2020	《关于印发四川省职业教育改革实施方案的通知》	四川省人民政府
2021	《关于开展院校学生职业技能等级认定试点工作的通知》	四川省人力资源和社会保障厅
2021	《关于印发〈四川省高技能人才与专业技术人才职业发展贯通实施方案〉的通知》	四川省人力资源和社会保障厅

资料来源：本书编者根据四川省人民政府网等官方网站的公开政策信息梳理而成。

附表 8　天津市公共职业技能培训资源共享相关政策一览表

年份	政策文件名	颁布单位
2012	《关于印发天津市中等职业教育 2012 年工作要点的通知》	天津市教育委员会
2013	《关于印发天津市中等职业教育 2013 年工作要点的通知》	天津市教育委员会
2014	《关于印发天津市中等职业教育基础能力建设项目专项资金管理办法的通知》	天津市教育委员会、天津市人力资源和社会保障局、天津市财政局
2014	《关于做好"职业培训包"实验性培训有关问题的通知》	天津市人力资源和社会保障局
2014	《"职业培训包"实验性培训人员职业技能鉴定实施方案》	天津市"职业培训包"项目开发工作领导小组办公室
2015	《关于印发 2015 年度天津市职业教育与成人教育工作意见的通知》	天津市教育委员会
2015	《关于培训机构承担"培训福利计划"培训任务有关问题的通知》	天津市人力资源和社会保障局
2016	《关于加快发展现代职业教育的意见》	天津市人民政府
2017	《市教委转发职业教育专业教学资源库建设资金管理办法的通知》	天津市教育委员会
2017	《关于加强技工教育和职业培训教材建设工作的通知》	天津市人力资源和社会保障局

续表

年份	政策文件名	颁布单位
2018	《关于鼓励社会力量参与职业教育办学激发职业院校办学活力的指导意见》	天津市人民政府办公厅
2018	《关于推进我市职业院校在海外设立"鲁班工坊"试点方案的通知》	天津市教育委员会
2018	《关于做大做强做优天津职业教育的八项举措》	天津市人民政府
2018	《关于印发 2018 年天津市职业教育和继续教育工作要点的通知》	天津市教育委员会
2019	《关于印发天津市职业技能提升行动实施方案（2019—2021 年）的通知》	天津市人民政府办公厅
2019	《关于印发天津市中长期职业技能培训规划（2019—2025 年）的通知》	天津市人民政府
2019	《关于印发 2019 年天津市职业教育和继续教育工作要点的通知》	天津市教育委员会
2019	《关于印发天津职业教育"鲁班工坊"建设项目和资金管理办法的通知》	天津市教育委员会、天津市财政局
2019	《关于印发〈天津市技工教育 2019 年工作要点〉的通知》	天津市人力资源和社会保障局
2019	《关于实施"海河工匠"建设的通知》	天津市人民政府办公厅
2021	《关于印发〈天津市职业院校教材管理实施细则〉的通知》	天津市教育委员会

资料来源：本书编者根据天津市人民政府网等官方网站的公开政策信息梳理而成。

附表 9 浙江省公共职业技能培训资源共享相关政策一览表

年份	政策文件名	颁布单位
2013	《关于加快中等职业教育发展的意见》	浙江省人民政府
2013	《关于加强企业技能人才队伍建设实施意见的通知》	浙江省人力资源和社会保障厅、浙江省财政厅、浙江省国资委
2013	《浙江省技工学校教师正高级专业技术资格评价条件（试行）》和《浙江省技工学校教师正高级专业技术资格试点评审办法》	浙江省人力资源和社会保障厅
2013	《关于印发浙江省高等职业学校设置暂行规定的通知》	浙江省人民政府

续表

年份	政策文件名	颁布单位
2014	《关于进一步做好退役士兵职业技能教育培训工作的通知》	浙江省民政厅
2015	《关于加快发展现代职业教育的实施意见》	温州市人民政府
2015	《关于加快推进技能人才队伍建设的意见》	浙江省人民政府办公厅
2015	《关于加快发展现代职业教育的实施意见》	浙江省人民政府
2016	《关于加快发展现代职业教育的实施意见》	义乌市人民政府
2016	《关于调整民办职业技能培训机构管理体制的通知》	浙江省人力资源和社会保障厅、浙江省民政厅
2017	《关于做好当前和今后一段时期就业创业工作的实施意见》	浙江省人民政府
2018	《关于深化产教融合的实施意见》	浙江省人民政府办公厅
2019	《关于印发〈浙江省职业技能提升行动实施方案（2019—2021年）〉的通知》	浙江省人力资源和社会保障厅、浙江省财政厅
2019	《关于印发浙江省企业职业技能等级认定试点办法的通知》	浙江省人力资源和社会保障厅
2020	《关于印发浙江省深化产教融合推进职业教育高质量发展实施方案的通知》	浙江省人民政府
2021	《关于实施"金蓝领"职业技能提升行动的通知》	浙江省人力资源和社会保障厅等18个部门
2021	《关于印发〈浙江省教育事业发展"十四五"规划〉的通知》	浙江省发展改革委、浙江省教育厅
2021	《关于推进职业教育与民营经济融合发展助力"活力温台"建设的意见》	浙江省人民政府

资料来源：本书编者根据浙江省人民政府网等官方网站的公开政策信息梳理而成。

附表10　江苏省公共职业技能培训资源共享相关政策一览表

年份	政策文件名	颁布单位
2013	《关于印发2013年完善就业服务体系和社会保障体系工作计划及试点示范项目的通知》	江苏省人民政府办公厅
2013	《关于进一步加强退役士兵安置工作实施意见的通知》	江苏省人民政府、江苏省军区

续表

年份	政策文件名	颁布单位
2013	《关于推进教育现代化建设的实施意见》	江苏省人民政府办公厅
2013	《关于印发江苏省新一轮农村实事工程实施方案的通知》	江苏省人民政府办公厅
2013	《关于进一步加强普通高等学校毕业生就业工作的通知》	江苏省人民政府办公厅
2014	《关于加强技能人才队伍建设促进产业转型升级的意见》	江苏省人民政府办公厅
2014	《关于加快推进现代职业教育体系建设的实施意见》	江苏省人民政府
2015	《江苏省贯彻实施质量发展纲要 2015 年行动计划任务分工》	江苏省人民政府
2015	《关于支持农民工等人员返乡创业的实施意见》	江苏省人民政府办公厅
2015	《关于推进智慧教育的实施意见》	江苏省人民政府办公厅
2015	《关于进一步做好新形势下就业创业工作的实施意见》	江苏省人民政府
2015	《关于加快发展现代职业教育的实施意见》	江苏省人民政府
2015	《关于进一步加强为农民工服务工作的实施意见》	江苏省人民政府
2017	《关于印发职业技能提升行动计划（2017—2020年）的通知》	江苏省人民政府办公厅
2017	《关于印发江苏高等职业教育创新发展卓越计划的通知》	江苏省人民政府办公厅
2018	《关于加快推进职业教育现代化的若干意见》	江苏省人民政府
2018	《关于深化产教融合的实施意见》	江苏省人民政府办公厅
2019	《关于进一步推进养老服务高质量发展的实施意见》	江苏省人民政府
2019	《关于印发江苏省职业技能提升行动实施方案（2019—2021 年）的通知》	江苏省人民政府办公厅
2019	《关于推行终身职业技能培训制度的实施意见》	江苏省人民政府
2020	《关于促进 2020 年高校毕业生就业创业的若干措施的通知》	江苏省人民政府办公厅
2020	《关于落实就业优先政策进一步做好稳就业工作的实施意见》	江苏省人民政府
2021	《关于印发江苏省"十四五"高质量就业促进规划的通知》	江苏省人民政府办公厅
2021	《印发关于支持多渠道灵活就业若干措施的通知》	江苏省人民政府办公厅

资料来源：本书编者根据江苏省人民政府网等官方网站的公开政策信息梳理而成。

附表 11 北京市公共职业技能培训资源共享相关政策一览表

年份	政策文件名	颁布单位
2013	《北京经济技术开发区职业技能培训补贴办法》	北京经济技术开发区
2013	《关于印发〈北京市中等职业学校学生资助资金管理办法〉的通知》	北京市财政局、北京市教育委员会、北京市人力资源和社会保障局
2015	《关于加快发展现代职业教育的实施意见》	北京市人民政府
2017	《关于做好我市 2017 年高等职业教育自主招生工作的通知》	北京市教育委员会
2018	《关于印发〈北京职业教育改革发展行动计划（2018—2020 年）〉的通知》	北京市教育委员会、北京市发展和改革委员会、北京市财政局、北京市人力资源和社会保障局、北京市人民政府教育督导室
2018	《关于公布 2018 年新增高等职业教育专业名单的通知》	北京市教育委员会
2018	《关于下达 2018 年北京市普通中等专业学校招生规模的通知》	北京市教育委员会、北京市发展和改革委员会
2018	《关于公布 2018 年新增"3＋2"中高职衔接办学项目的通知》	北京市教育委员会、北京市人力资源和社会保障局
2018	《关于发挥职成院校办学优势广泛开展职业技术技能培训的通知》	北京市教育委员会
2018	《关于进一步规范我市技工院校教育教学工作的通知》	北京市人力资源和社会保障局
2019	《关于印发〈北京市特色高水平职业院校、骨干专业和实训基地（工程师学院和技术技能大师工作室）建设项目管理办法〉的通知》	北京市教育委员会、北京市市财政局、北京市人力资源和社会保障局
2019	《教育领域开放改革三年行动计划》	北京市教育委员会
2019	《关于卓越教师培养计划 2.0 的实施意见》	北京市教育委员会
2020	《关于深化职业教育改革的若干意见》	北京市教育委员会、北京市发展和改革委员会、北京市人力资源和社会保障局、北京市财政局

续表

年份	政策文件名	颁布单位
2020	《关于印发〈北京市高等教育、中等职业教育、普通高中学生资助资金管理实施办法〉的通知》	北京市教育委员会、北京市财政局、北京市人力资源和社会保障局、北京市民政局、北京市退役军人事务局、北京市人民政府征兵办公室
2020	《关于印发〈北京市深化中等职业学校教师职称制度改革实施办法〉的通知》	北京市人力资源和社会保障局、北京市教育委员会
2020	《关于印发〈北京市职业院校"双师型"教师认定办法（试行）〉的通知》	北京市教育委员会
2020	《关于开展北京市学分银行服务体系建设试点工作的通知》	北京市教育委员会
2021	《关于印发〈北京市中小学教材管理办法〉〈北京市职业院校教材管理办法〉〈北京市普通高等学校教材管理办法〉的通知》	北京市教育委员会
2021	《关于修订〈北京市特色高水平职业院校、骨干专业和实训基地（工程师学院和技术技能大师工作室）建设项目管理办法〉的决定》	北京市教育委员会
2021	《关于鼓励企业开展共享优质培训资源工作的通知》	北京经济技术开发区
2021	《关于深入推进职业技能提升行动"互联网＋职业技能培训"工作的通知》	北京市人力资源和社会保障局、北京市财政局
2021	《北京市"十四五"时期教育改革和发展规划（2021—2025）》	北京市教育委员会

资料来源：本书编者根据北京市人民政府网等官方网站的公开政策信息梳理而成。

说明：以上为本书编者梳理的国家与部分省份颁布的共建共享相关政策，仅供读者参考，不代表所有相关政策均被覆盖。

附录 3

S省公共实训基地管理条例

S省职业技能公共实训基地
公共实训资源使用管理办法（暂行）

第一章　总则

第一条　为充分发挥S省职业技能公共实训基地（以下简称××基地）公共实训服务功能，提高公共实训设施设备使用效率，满足企业、院校和社会培训机构（以下简称实训单位）对培养技能人才的需求，更规范、高效、安全地使用公共实训资源，特制定本办法。

第二条　本办法适用于申请进入或已进入××基地使用公共实训资源进行技能训练和技术改进等活动的使用单位。

第三条　本办法所涉及实训单位培训任务为向在校及未就业大学生、企业转岗人员、下岗人员、农民工及返乡农民工、退转军人等群体，提供技能培训、稳岗培训、创业孵化，全面提升劳动者就业能力和创新创业能力。

第四条　本办法所涉及公共实训资源主要指××基地所有适用于培训、实训、实践教学的设备设施，包括教学区域、实训室（场）及其中的设备。

第二章　组织保障

第五条　××基地办公室负责实训单位的准入、退出管理；负责实训资源的安全保障；负责实训设施设备的维护管理。

社会服务部负责实训单位的准入和退出评估及监督管理。

综合管理部负责实训资源安全保障。

实训管理部负责实训设施设备的维护维修。

第三章　准入管理

第六条　申请实训单位范围：有职业技能培训需求的本市各类院校（包括高等院校、职业院校、技工院校）、社会培训机构、企业和社会团体。

第七条　申请实训单位的准入条件：

1. 资质条件

（1）各类院校必须是在本市取得政府主管部门行政许可、依法注册的具有独立法人资格的单位，证照齐备、有效，开办专业与公共实训资源相对应。

（2）社会培训机构必须是在本市取得政府主管部门行政许可，并依法注册、经营和纳税的具有独立法人资格的单位，证照齐备、有效，办学范围必须包含有与公共实训资源相对应工种的高级工以上（含高级工）的办学资格。

（3）企业和社会团体必须是在本市依法注册、经营和纳税，并具有独立法人资格的单位，证照齐备、有效，所属行业性质与公共实训资源相对应。

2. 提供根据××基地公共实训资源制定的实训培养方案、培训计划、培训大纲、师资安排和课程安排。

3. 承诺接受××基地的管理，遵守××基地的规章制度，执行××基地的相关管理规定。

4. 实训单位为培训机构的，须具有与公共实训资源相对应的自有全职管理人员和师资，并有完善的培训质量管理体系和规章制度。

第八条　申请准入程序包括：申请、受理、审核、公示、批准、签约。

1. 申请

申请实训单位应持以下材料报送基地社会服务部：

（1）《S 省职业技能公共实训基地准入申请表》（以下简称《申请表》）（附件 1）。

（2）申请培训项目的培训实施方案和保障措施。

（3）本章第七条第 1 款要求的院校和社会培训机构行政许可证书、纳税证明，企业营业执照、纳税证明，社会团体注册证书等相关资质证书的原件和复印件。

（4）公共实训资源的年度使用计划和培训计划。

（5）《S省职业技能公共实训基地申请实训单位承诺书》（以下简称《承诺书》）（附件6）。

（6）培训机构还须提供管理人员和师资基本情况及资格证明文件：

1）花名册和师资简历。

2）学历证书、职业资格证书、专业技术职称证书等证书的原件和复印件。

3）培训质量管理制度。

以上材料均应提交纸质（一式两份）和电子文本。

2. 受理

申请实训单位应在每季度首月10日前提交申请材料。社会服务部接到申请材料后，应在5个工作日内，分别按照以下规定予以处理：

（1）凡属下列情况之一的，做出不予受理申请的决定，书面说明不予受理的理由并通知申请单位：

1）申请材料不完整、不属实等不符合申请条件的。

2）处于正在接受有关司法限制与处罚或正在接受政府相关主管部门行政处理与处罚的。

（2）对不属于上述情况的申请实训单位，做出受理申请的决定，在《申请书》上签署受理申请的意见，并通知申请单位。

3. 审核

（1）申请被受理后，社会服务部应在10个工作日内报××基地办公室评审组，对申请实训单位进行准入资质审核。

（2）审核工作包括对申请实训单位的基本条件、质量管理、社会诚信以及实训计划是否合理等方面的复核。

（3）审核采取资料审查、实地检查、方案论证等方式，并在《申请书》上给出复核结论（符合、不符合）。

4. 公示

对审核符合准入条件的单位，在S省职业技能公共实训基地官网公示5个工作日，公示内容主要包括××基地实训室名称、准入实训单位名称、实训工种类别和级别、年度实训计划等。

5. 批准

根据公示的结果，向符合准入条件的申请实训单位发出《S省职业技能公共实训基地准入通知书》（附件3）；向不符合准入条件的申请实训单位发出《S省职业技能公共实训基地不予准入通知书》（附件4），并书面说明理由。

6. 签约

获得准入的实训单位，应在收到准入通知书后10个工作日内，与××基地签订《S省职业技能公共实训基地实训协议书》（附件2），提供实训期内学员购买意外保险证明材料，实训协议有效期原则上不超过一年。有效期内，该实训场地内师生的人身安全、设备安全均由准入单位负责。有效期满后，拟继续使用实训基地公共实训资源的使用单位，应在有效期满前两个月提出续约申请。

签订实训协议后，××基地统一调配，纳入计划组织实施。在实训过程中，使用单位和实训学员应严格遵守相关实训规定。

第四章 退出管理

第九条 实训协议期满后，使用单位自然失去准入资格。

第十条 实训单位在使用公共实训资源期间出现以下情形之一的，××基地将视其情节轻重，做出暂停使用、终止协议或取消准入资格等处理。

1. 不接受××基地管理指导的。

2. 违反实训协议及有关规定的。

3. 未完成培训绩效或考核评估不合格的。

4. 因不当使用或管理不善造成设备损坏和经济损失的。

5. 对教师、学生（员）管理不严格，存在安全隐患或浪费实训耗材，屡禁不止的。

6. 多次出现缺课、改课、停课或到课率较低等现象，造成公共实训资源浪费的。

7. 使用单位性质发生改变的。

8. 违反国家法律法规和相关政策的。

9. 严重影响政府公共服务声誉的。

10. 有其他严重影响××基地正常运作行为的。

第十一条 处理决定由××基地书面通知使用单位（附件5）。

第十二条　××基地办公室在 S 省职业技能公共实训基地官网对使用单位退出信息予以公告。

第十三条　实训单位在收到××基地书面通知后的 5 个工作日内，须撤出人员，归还设备，清理场地，并办理有关手续。逾期不退出者，××基地将采取适当的法律手段强制退出。

第五章　附则

第十四条　本办法由 S 省职业技能公共实训基地办公室负责解释。

第十五条　本办法自印发之日起施行。

S 省职业技能公共实训基地

年　月　日

附件：

1. S 省职业技能公共实训基地准入申请表

2. S 省职业技能公共实训基地实训协议书

3. S 省职业技能公共实训基地准入通知书

4. S 省职业技能公共实训基地不予准入通知

5. S 省职业技能公共实训基地入驻单位（企业）退出通知书

6. S 省职业技能公共实训基地申请实训单位承诺书等

附件1

年度	
编号	
项目类别	

S省职业技能公共实训基地准入申请表

单位（企业）名称				
项目名称				
项目所属类型（打"√"）	培训型（　） 生产型（　） 会议型（　） 其他_____			
单位（企业）基本情况	法人（责任人）		电话（手机）	
	单位地址			
	注册时间		注册资金	
	经营范围			
	联系人		电话（手机）	
企业形式	无限责任公司（　） 有限责任公司（　） 股份有限公司（　） 个人独资企业（　） 合伙企业（　） 其他（请填写）_____			
单位（企业）主要负责人				
单位（企业）项目规模	资金			
	场地			
	人数			
	其他需求			
项目介绍				

续表

项目目标	
项目特色	
单位（企业）	法人或负责人签字： （企业盖章） 年　月　日
社会服务部 审核意见	评审小组成员签字： 年　月　日
基地办审核意见	负责人签字： 年　月　日
××基地分 管院领导 审核意见	负责人签字： （盖章） 年　月　日

备注：申请表同时上交打印稿和电子稿，不允许改动表格格式，A4 纸打印。

附件 2

编号：_____

S 省职业技能公共实训基地实训协议书

甲方：S 省职业技能公共实训基地

乙方：_____

为确保 S 省职业技能公共实训基地（以下简称基地）公共实训资源的安全、高效使用，保证实训质量，经双方协商，制定本协议。

一、公共实训资源使用范围

甲方同意乙方使用基地_____实训区（实训室），实现培训、生产等项目，双方就有关入驻管理过程中的问题达成如下协议，共同遵守。

二、协议有效期

本协议书有效期限从____年____月____日至____年____月____日。

三、双方的权利和义务

1. 甲方的权利

（1）依据有关规定，对入驻单位（企业）进行监督和管理。

（2）甲方提供有偿实训资源。

2. 甲方的义务

（1）向乙方提供入驻场地，提供会务、网络等服务。

（2）不干涉乙方的正常生产、培训等，协助解决入驻期间的管理问题。

3. 乙方的权利

（1）乙方有权依法维护自己的合法权益，对基地的日常管理，有权提出合理化建议。

（2）按规定使用相关实训场室及设备。

4. 乙方的义务

（1）乙方应认真履行与甲方签订的入驻协议，并严格遵守基地管理制度。

（2）乙方应对甲方的监督、检查予以配合，共同推进基地内各项工作的开展。

（3）乙方不得在基地内从事与申请项目无关的活动，或将其办公场地私自转租给其他经营者。

（4）乙方应自觉维护公共办公区域的正常工作秩序，爱护桌椅、设备等物品，保持公共卫生。

（5）定期向甲方支付相关费用，主要包括设备磨损，水、电、空调使用和物业管理等有关费用。

四、协议的变更、解除或终止

1. 本协议双方签字后即具有法律约束力。本协议需要变更或解除时，须经双方协商一致。

2. 本协议在履行期间，如国家有关政策有重大调整时，双方任何一方利益受到重大影响，受影响一方可以提出变更或解除本协议。

3. 在本协议有效期内，因甲方违反协议，导致乙方无法实施原入驻计划的，乙方有权提前终止协议，乙方需提前 7 天向甲方提出终止协议的书面申请。

4. 本协议规定的入驻期满，双方的权利、义务履行完毕后，本协议自行终止。

5. 乙方在入驻协议期满后，仍想续租的，可向甲方申请延长入驻期限，经甲方批准同意后，双方须重新签订入驻协议。

6. 在本协议有效期内，乙方有下列情况之一的，甲方有权终止本协议：

（1）单位（企业）活动或企业法人（团队负责人）违反国家法律法规的；

（2）严重或屡次违反基地有关管理规定，对基地正常秩序造成严重干扰的；

（3）有转租行为，私自转租给其他经营者的；

（4）签订协议后连续三周不入驻，且无正当理由的；

（5）有重大安全隐患的。

五、违约责任

1. 双方应全面认真履行本协议的各项规定，任何一方违反本协议的约定，对另一方造成损失的，由违约方对另一方所造成的损失承担责任。

2. 因不可抗力的因素，如战争、灾害等导致协议无法履行所造成的损失，甲乙双方互不承担责任。

六、其他

1. 本协议自甲乙双方签字盖章之日起生效。

本协议未尽事宜，经甲乙双方协商一致，签订补充协议，经双方签订的补充协议与本协议具有同等法律效力。

2. 本协议履行过程中发生争议，双方应本着友好、互利的原则协商解决。

3. 本协议一式四份，甲乙双方各执两份，具有同等法律效力。

甲方：　　　　　　　　　　　　　乙方：

签章：　　　　　　　　　　　　　签章：

日期：　　　　　　　　　　　　　日期：

附件3

编号：＿＿＿＿＿＿＿

S省职业技能公共实训基地准入通知书

申请单位：＿＿＿＿＿＿＿＿，行政许可证/社会团体证号：＿＿＿＿＿＿。经审核，你单位符合基地准入条件，准予进入S省职业技能公共实训基地开展公益实训活动，请予＿＿年＿＿月＿＿日凭此通知书办理准入手续，逾期作废。

S省职业技能公共实训基地办公室

年　月　日

编号：＿＿＿＿＿＿

准入通知书（存根）

申请单位：＿＿＿＿＿＿＿＿，行政许可证/社会团体证号：＿＿＿＿＿＿。经审核，你单位符合基地准入条件，准予进入S省职业技能公共实训基地开展实训活动，请予＿＿年＿＿月＿＿日凭此通知书办理准入手续，逾期作废。

S省职业技能公共实训基地办公室

年　月　日

签收人：＿＿＿＿＿＿

签收日期：＿＿＿＿＿＿

附件4

编号：＿＿＿＿＿＿＿

S省职业技能公共实训基地不予准入通知书

申请单位：＿＿＿＿＿＿＿，行政许可证/社会团体证号：＿＿＿＿＿＿＿。
根据《S省职业技能公共实训基地公共实训资源使用管理办法（暂行）》有关规定，经审核，你单位不符合基地准入条件，决定不予准入，特此通知。

不予准入依据如下：

S省职业技能公共实训基地办公室
年　月　日

编号：＿＿＿＿＿＿

不予准入通知书（存根）

申请单位：＿＿＿＿＿＿＿，行政许可证/社会团体证号：＿＿＿＿＿＿＿。
根据《S省职业技能公共实训基地公共实训资源使用管理办法（暂行）》有关规定，经审核，你单位不符合基地准入条件，决定不予准入，特此通知。

不予准入依据如下：

S省职业技能公共实训基地办公室
年　月　日
签收人：＿＿＿＿＿＿＿
签收日期：＿＿＿＿＿＿＿

附件 5

编号：_____

S省职业技能公共实训基地入驻单位（企业）退出通知书

单位（企业）名称：_____

法人（负责人）：_____

由于贵单位（企业）在入住期间，存在以下不符合基地管理制度的情况：

_____

_____

_____

为了维护基地的正常运行秩序，现要求贵单位（企业）于____年____月____日之前退出基地。请到S省职业技能公共实训基地办公室社会服务部办理退出手续，撤出人员，归还设备，清理场地。如逾期未办理退出手续，按照基地管理制度规定，基地办公室将采取适当的法律手段强制退出。

特此通知。

S省职业技能公共实训基地
年　月　日

附件 6

S 省职业技能公共实训基地申请实训单位承诺书

S 省职业技能公共实训基地办公室：

根据《S 省职业技能公共实训基地公共实训资源使用管理办法（暂行）》和有关管理规定，我单位郑重承诺：

一、保证我单位所提供的申请材料真实、无误、无弄虚作假。

二、保证我单位在提出申请时不处于接受有关司法限制与处罚或处于接受政府相关主管部门行政处理与处罚期间。

三、保证我单位使用实训基地公共实训资源期间接受实训基地的监督和管理，严格遵守 S 省职业技能公共实训基地的有关规定。

四、保证我单位的管理人员和学员在使用 S 省职业技能公共实训基地公共实训资源期间严格遵守安全管理规定，若因违反安全管理规定而造成设备损坏和人身安全事故，我单位保证承担全部责任和赔偿损失。

如违反上述承诺，我单位承担相应的法律责任。

承诺单位：（盖章）

法人代表：（签字）

年　月　日

S省职业技能公共实训基地实训运行管理细则

为满足企业、院校和社会培训机构（以下简称实训单位）对培养高技能人才的需求，依据《S省职业技能公共实训基地公共实训资源使用管理办法（暂行）》的精神，规范S省职业技能公共实训基地（以下简称实训基地）公共实训资源的使用管理，确保公共实训资源的安全、规范、高效使用，特制定本细则。

基地运营管理公司具体负责实训基地实训运行管理工作，并依照《S省职业技能公共实训基地实训运行流程》，为实训单位提供优质、高效的公共实训服务。

一、实训准入申请

S省范围内各类本（专）科院校、中等职业学校、职业技能培训机构、企业和社会团体等可向基地社会服务部申请进入公共实训基地开展实训。申请准入程序包括：准入申请、审核批准、签订协议。

1. 准入申请。凡申请进入实训基地进行实训的单位，应填写《S省职业技能公共实训基地准入申请书》，并提供相关证照复印件和内部管理制度。

2. 审核批准。主要以资料审核、实地考察等方式进行。根据审核的结果，基地社会服务部向符合准入条件的申请单位发出《S省职业技能公共实训基地准入通知书》；向不符合准入条件的申请单位发出《S省职业技能公共实训基地不予准入通知书》。

3. 签订协议。获得准入的申请单位，与基地签订《S省职业技能公共实训基地实训协议书》，实训协议有效期原则上为一年（院校二年）。

二、实训计划安排

实训计划安排，是指实训申请单位获得准入资格并与实训基地签订实训协议书后，向实训管理科提出预约申请，由实训管理科做出统筹安排。

1. 实训预约。签订协议的实训单位可以向实训管理科预约实训需求，企业和社会培训机构需提前7个工作日提出预约申请，提交《S省职业技能公共实训基地实训预约表》，预约实训时间长度原则上应小于60天；职业院校需在学期放假前提出下一学期的实训预约。

2. 实训安排。实训管理科在实训预约申请提交后3个工作日内对预约申请做出安排并给予反馈。国家法定节假日以及各实训室实训设备维修保养期间不安排实训。实训资源使用安排原则上按照培训后在公共实训基地进行职业技能鉴定者优先、培训层次高者优先、申请时间前者优先等原则进行。

3. 实训安排公示。社会服务部通过基地网站将实训安排结果予以公示。

4. 实训安排通知。根据公示的结果，社会服务部向实训单位发出《S省职业技能公共实训基地实训通知书》，确认安排事宜。实训单位须提前做好相关实训准备工作。

5. 实训计划变更。实训单位因故需要变更实训计划时，应提前 3 个工作日向社会服务部提出申请，以便做出变更安排。没有提出变更申请而未能按计划到场开展实训的，记入实训单位不良记录。

因考核鉴定、技能竞赛等活动需对实训计划做出调整时，由社会服务部书面通知有关实训单位，并在基地网站上发布实训计划变更通知。

三、实训运行管理

1. 实训师资管理。进入公共实训基地从事培训工作的师资，必须是经过实训基地认证通过，并获得实训指导教师资质的人员。实训师资原则上由实训单位自带，若确实有困难，可通过实训管理部从公共实训师资库中加以聘任，其授课费由实训单位支付。公共实训指导中心每年开展一次实训指导教师综合考核，组织优秀指导教师评选，并给予奖励。

2. 实训资源管理。实训室的管理主要由实训管理部负责，其主要任务是为实训基地各实训室提供日常运行管理与设备设施维护保养、维修等服务及技术支持，确保实训资源安全、规范、高效使用。

实训单位进入实训时，应做好安全教育，并与维管人员办理好设备、仪器交接手续。实训单位应积极配合维管人员工作，爱护实训资源，实训结束后做好所使用实训室的设备仪器恢复整理和卫生清洁及设备仪器交接工作。

3. 实训过程管理。实训单位应严格执行实训协议书中相关约定，遵守公共实训基地相关规章制度和操作规程，并指定专人负责对场地内的实训学员进行全程管理，确保安全、规范、高效使用实训资源。

4. 实训台账管理。实训单位须认真填写实训室使用登记表、设备使用登记手册等实训情况记录表。各实训室维管人员应做好相应信息的汇总，并根据有关记载内容，对实训质量情况进行分析，为进一步完善实训室建设和实训活动的组织实施提供依据。

5. 实训监督检查。社会服务部组织人员对实训设备运行情况、学员实训情况、实训室卫生情况、师资到位及授课情况等进行监督检查。

四、实训绩效评估

实训指导中心应在实训协议期满前，对实训单位一个协议周期内的实训活动情况进行绩效评估。具体程序如下：

1. 实训单位在本轮实训协议期满前两个月向社会服务部递交《S省职业技能公共实训基地实训活动情况自评表》，对协议期间本单位进入实训基地开展的实训活动情况和取得的成效进行自我总结和评价，并提出是否续签下一轮协议的意向。

2. 社会服务部在收到实训活动情况自评表后，组织有关人员对该单位协议期间开展的实训活动情况及取得的成效进行核实和综合评估，最终形成评估结论，以此作为是否续签下一轮实训协议的重要依据，并在协议期满前，将评估结果告知该单位。

3. 实训基地根据绩效评估考核，组织优秀实训单位评选，并给予奖励。

五、实训退出管理

1. 实训协议满后，实训单位自然失去准入资格。

2. 实训单位在使用公共实训资源期间出现以下情形之一的，社会服务部将视其情节轻重，做出暂停使用、终止协议或取消准入资格等处理。

（1）不接受实训基地管理的。

（2）违反实训协议及有关规定的。

（3）考核评估不合格的。

（4）因不当使用或管理不善造成设备严重损坏和经济损失的。

（5）对教师、学员管理不严格，存在安全隐患或浪费实训耗材，屡禁不止的。

（6）多次出现缺课、改课、停课或到课率较低等现象，造成公共实训资源浪费的。

（7）有其他严重影响实训基地正常运作行为的。

3. 处理决定由社会服务部书面通知实训单位。

S省职业技能公共实训基地

年　月　日

S 省职业技能公共实训基地实训运行流程

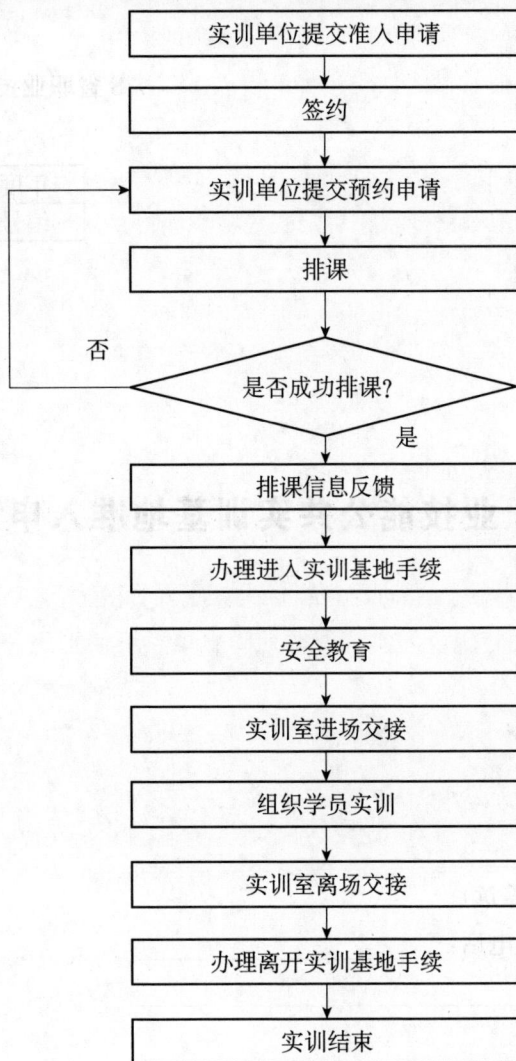

```
┌─────────────────────────┐
│   实训单位提交准入申请    │
└─────────────────────────┘
             │
┌─────────────────────────┐
│          签约            │
└─────────────────────────┘
             │
┌─────────────────────────┐
│   实训单位提交预约申请    │ ◄──────┐
└─────────────────────────┘        │
             │                      │
┌─────────────────────────┐        │
│          排课            │        │
└─────────────────────────┘        │
             │                      │ 否
        ╱─────────╲                 │
       ╱ 是否成功排课? ╲ ───────────┘
        ╲─────────╱
             │ 是
┌─────────────────────────┐
│      排课信息反馈        │
└─────────────────────────┘
             │
┌─────────────────────────┐
│   办理进入实训基地手续    │
└─────────────────────────┘
             │
┌─────────────────────────┐
│        安全教育          │
└─────────────────────────┘
             │
┌─────────────────────────┐
│     实训室进场交接       │
└─────────────────────────┘
             │
┌─────────────────────────┐
│      组织学员实训        │
└─────────────────────────┘
             │
┌─────────────────────────┐
│     实训室离场交接       │
└─────────────────────────┘
             │
┌─────────────────────────┐
│   办理离开实训基地手续    │
└─────────────────────────┘
             │
┌─────────────────────────┐
│        实训结束          │
└─────────────────────────┘
```

S省职业技能公共实训基地

年度	
编号	

S省职业技能公共实训基地准入申请书

申请单位：（盖章）

联系人及联系电话：＿＿＿＿＿＿＿＿＿＿＿＿＿＿＿＿

申请日期：＿＿＿＿＿＿＿＿＿＿＿＿＿＿＿＿＿＿

一、准入对象

S省职业技能公共实训基地的使用单位包括我省各本（专）科院校、中等职业学校、职业技能培训机构、企业和社会团体等几大类。

二、准入条件

S省范围内（含所辖地级市、县（市），下同）符合下列条件的各类本（专）科院校、中等职业学校、职业技能培训机构、企业和社会团体等可申请进入公共实训基地开展技能人才实训。

1. 由政府主管部门行政许可、依法注册，证照齐备、有效，且具有独立法人资格。

2. 管理制度健全，内部管理规范，培训质量高，社会信誉好。

3. 承诺接受S省职业技能公共实训基地的管理，遵守相关规章制度，执行相关规定。

三、基本情况

单位名称					
单位地址				邮编	
联系人		联系电话（手机）			
企业填写以下内容					
营业执照登记证	证号		登记机关		
	企业类型		有效期		
	经营范围		年审情况		
院校填写以下内容					
办学许可	主管部门		办学层次		
	办学形式				
社会技能培训单位填写以下内容					
办学许可资质证书	证书全称				
	证号		发证机关		
	办学层次		有效期		
	办学形式		年审情况		
	办学范围				

续表

社会团体填写以下内容				
法人资质证书	证书全称			
	证号		登记机关	
	有效期		年审情况	
	业务范围			

四、师资情况

教职工数				专职教师：		兼职教师：		管理人员：	
	姓名	性别	年龄	职务	毕业院校	所学专业	学历	技术职称（职业资格等级）	专（兼）职
管理人员									
	姓名	性别	年龄	技术职称（职业资格等级）	毕业院校	所学专业	学历	教龄（专业工龄）	承担课程	专（兼）职
理论教师										
实训教师										

说明：本表只填写从事拟申请在实训基地开展实训的工种相对应的人员情况。

五、审核意见

S 省 职 业 技 能 公 共 实 训 基 地 审 核 意 见	
	盖章： 年　　月　　日

说明：

（1）提交本表的纸质文本和电子文本各一份。

（2）本申请书一律由黑色的钢笔（或签字笔）填写，如填写内容较多，表格可扩充后填写，也可另加附页。

S省职业技能公共实训基地准入通知书

年   号

_____:

　　贵单位提交的S省职业技能公共实训基地准入申请已经通过审核评估，根据《S省职业技能公共实训基地实训运行管理细则》，请于收到本通知起的10个工作日内前往S省职业技能公共实训基地签订《S省职业技能公共实训基地实训协议书》。

　　特此通知。

S省职业技能公共实训基地

年　月　日

S省职业技能公共实训基地不予准入通知书

年　　号

_____：

　　贵单位提交的S省职业技能公共实训基地准入申请经审核评估，根据《S省职业技能公共实训基地实训运行管理细则》，因_____不予准入。

　　特此通知。

S省职业技能公共实训基地
年　月　日

S省职业技能公共实训基地实训协议书

甲方：S省职业技能公共实训基地

乙方：_____

为确保实训基地公共实训资源安全、合理、有效地使用，保证实训质量，经双方协商，制定本协议。

一、公共实训资源使用范围

在协议有效期内，甲方同意乙方使用S省公共实训基地实训室开展相关工种实训。

二、协议有效期

本协议书有效期限从___年___月___日至___年___月___日。

三、在实训基地实训期间，甲、乙双方的权利与义务

1. 甲方有权对乙方在实训基地的实训教学活动进行监督和管理，乙方应给予积极配合。

2. 甲方有权对乙方在实训基地的教学过程、教学管理、教学效果等方面进行考核评估；乙方有义务接受和配合甲方开展的考核评估工作。

3. 甲方有权要求乙方参加甲方组织的培训和教学教研活动。

4. 甲方负责向乙方提供实训基地内的实训设备与场地，并提供相应的指导服务。

5. 乙方应严格遵守甲方和实训设备维护管理单位的相关规定。出现教学事故或违反甲方管理规定等情况时，甲方有权按相关规定进行处理。

6. 乙方有义务维护实训基地设备设施等公共财产的安全和完好，如出现乙方有关人员造成的人为损坏或破坏等情况，乙方应负相应的管理责任。

7. 乙方应对使用实训设备的安全和完好负全责；如出现实训设备非自然损坏或丢失时，乙方需照价赔偿或恢复到原设备使用性能。

8. 乙方应对教师、教学管理人员和学员的人身安全和个人财产安全负全责。

9. 乙方在实训基地的实训教学活动原则上应自带经甲方认证（或认可）的师资以及按甲方规定自带的实训耗材。

10. 乙方应及时认真填写实训室使用记录、设备运行记录等相关教学管理记录。

11. 乙方负责所使用实训室培训结束后的设备恢复整理和卫生清洁工作。

四、协议的变更、解除和终止

1. 乙方在协议期内不能遵守甲方的相关规定，甲方可视其情节或考核评估情况予以解约，终止本协议。

2. 乙方在协议期内因特殊原因提出解约的，需向甲方提出申请，经甲方同意后方可解约。

3. 在协议期间如发生双方无法预见、无法防范致使本协议无法正常履行的事由，需要变更或解除协议，甲乙双方应按照国家有关法律规定和甲方的相关规定妥善处理。

4. 协议有效期到期时，本协议自动终止。

五、附则

1. 本协议一式二份，甲、乙双方各执一份，经双方签字盖章后按约定日期生效，具有同等法律效力。

2. 本协议未尽事项，由双方协商解决。

甲方：（盖章）　　　　　　　　乙方：（盖章）

甲方代表：　　　　　　　　　　乙方代表：

日期：　　　　　　　　　　　　日期：

S省职业技能公共实训基地

年度	
编号	

S省职业技能公共实训基地实训预约表

申请单位：（盖章）

联系人及联系电话：＿＿＿＿＿＿＿＿＿＿＿＿＿＿

申请日期：＿＿＿＿＿＿＿＿＿＿＿＿＿＿＿＿＿＿

一、实训申请

实训中心	□××××技术　□××××技术　□××××技术　□×××× 技术 □××××技术　□××××技术　□××××技术　□×××× 技术			
实训项目				
实训工种				
实训等级	□高级工　　　　□技师　　　　　□高级技师　　　　□其他			
实训时间	___年___月___日至___年___月___日			
实训时段	___月___日至___月___日	□上午	□下午	□晚上
	___月___日至___月___日	□上午	□下午	□晚上
	___月___日至___月___日	□上午	□下午	□晚上
	___月___日至___月___日	□上午	□下午	□晚上
	___月___日至___月___日	□上午	□下午	□晚上
	___月___日至___月___日	□上午	□下午	□晚上
	___月___日至___月___日	□上午	□下午	□晚上

备注：上午 9：00—11：30，下午 13：30—16：00，晚上 18：00—20：30。

基本要求：

实训项目		
实训材料型号 规格及数量		□自带 □基地准备
辅助设备		□自带 □基地准备

二、授课师资及管理人员

（□自带　□基地准备）

类别	姓名	工作单位	联系电话
实训教师			
带队人员			

三、学员资料

序号	姓名	性别	身份证号	学历	工作单位（院校）	联系电话	手机	ID号

四、实训基地受理意见

签名：

年　月　日

说明：

（1）提交本表的纸质文本和电子文本各一份。

（2）本申请书一律由黑色的钢笔（或签字笔）填写，如填写内容较多，表格可扩充后填写，也可另加附页。

S省职业技能公共实训基地实训通知书

单位：＿＿＿＿＿＿＿＿

　　经 S 省职业技能公共实训基地对实训室使用的统筹安排，现同意你单位于＿＿＿年＿＿＿月＿＿＿日至＿＿＿年＿＿＿月＿＿＿日在＿＿＿＿＿＿实训中心＿＿＿＿实训室开展实训，详细安排见附表（实训安排表）。

S省职业技能公共实训基地

年　月　日

S 省职业技能公共实训基地实训活动情况自评表

实训单位（盖章）：

实训工种名称	实训人数（人）	实训时间（年月日）

自评：

自评分：＿＿＿＿＿＿＿

扣分原因：

说明：自评内容为实训取得的成绩，实训期间履行协议、遵守纪律、爱护公物等情况总结。可添加附页。

S省职业技能公共实训基地网培学院运营管理办法（试行）

第一章 总则

第一条 为了紧密围绕S省职业技能公共实训基地（以下简称基地）战略，不断创新学习形态，发展职业培训包模式，完成基地培训任务，支持基层培训学员在线学习和认证培训，实现学习目标与学习形态的有效对接，使S省职业技能公共实训基地网培学院（以下简称网培学院）成为面向广大基层培训学员开展培训和职业技能鉴定的主平台，规范网培学院的运营管理工作，特制定本办法。

第二条 网培学院是基地开展在线培训的平台，是应用多样化、项目立体化的学习和知识分享的门户，为培训学员提供随时、随地、个性化、系统化的培训服务，促进培训学员能力、技能和综合素质的提升。

第三条 网培学院是新型的知识获取工具、知识传递渠道和培训服务手段，是基地原有培训方式的补充，有利于进一步扩大培训学员培训范围、提高培训效率、降低培训成本、减少培训学员的脱产培训时间。

第四条 网培学院运营的总体管理原则为平台集中建设、资源共同建设。平台集中建设指网培学院的系统平台由基地统一建设、维护；资源共同建设指在基地统筹规划下，按照统一的规范标准建设学习资源。

第二章 部门职责

第五条 基地网培学院是在线教育平台和教学资源库平台的管理部门，主要职责是：

1. 负责统筹培训学员在线培训的整体规划，在基地网培学院和运营管理的指导下，制定管理制度和运营发展规划。

2. 负责网培学院的日常运营管理，建立运营保障制度，收集报送网培学院应用需求。

3. 负责在线培训的开展与推进，配合管理部门开展在线学习培训的实施；整合各相关方资源。

4. 负责网培学院的日常运营管理，收集、上报网培学院平台运行中的问题、在线学习培训开展及资源建设使用情况，提出系统功能优化改进意见及建议。

5. 负责根据年度需求，制定基地网培学院学习计划，定期上报在线培训工作实施情况。

6. 积极推动网培学院逐步完善并做好培训学员在线培训组织及跟踪监督工作。

7. 安排专兼职人员负责在线培训的管理等工作。

8. 根据工作需要，提出专业课程开发需求；根据课件制作需要，提供各种软硬件条件和必要的人员支持。

第三章　组织实施与管理

第六条　在线培训包括计划组织学习和自主学习两种形式。计划组织学习是指按照培训单位要求组织的培训学员在线培训、认证考试、在线交流等。自主学习是指根据个人工作需要、职业发展和兴趣爱好，培训学员自主选择网培学院职业培训包进行的学习。

第七条　网培学院包括课程、试题、案例、图书、资料等多种资源。

第八条　课程库资源可通过购买、定制以及自主开发等多种方式、多种渠道获得，逐步形成与基地培训需求相适应的课程资源，并不断完善和丰富。自有课程资源原则上以自主开发为主。

第九条　课程、培训等资源由基地管理部门负责统一管理。

第十条　培训课程资源管理

1. 在线培训资源库依据基地业务发展需要和培训学员岗位能力要求，按照基地培训学员培训课程体系建设相关规范进行规划、建设和管理。

2. 在线培训资源由基地培训中心牵头组织引进，可根据每年的培训计划和业务部门的需求，采取购买、定制以及自主开发等多种方式、多种渠道获得，逐步形成与基地培训需求相适应的在线培训资源库，并不断完善和丰富。

3. 定制或自主开发的用于在线培训的资源，依据管理、业务和技术发展的需要由各客户单位提出需求，基地培训中心进行确认并负责组织协调课件开发工作，保证课件形式适合培训学员学习、满足在线培训系统要求，教务处负责提供相应的素材、资料以及必要的人员支持，可邀请行业企业技术专家、专业骨干、内训师等提供相应支持。

4. 在线培训试题库由基地培训中心牵头，根据培训工作需要进行规划、建设和管理，各系负责编制、开发试题，可通过聘请方式邀请行业龙头企业、代表性企业参加培训试题的开发。

第十一条　培训管理

1. 基地培训中心可利用在线培训课件资源创建课程，组织各单位培训学员进行在线培训。为了保证学习效果，需要精心设计培训方案，将在线培训与面授学习等其他培训方式相结合，在课程学习完成后，通过考试等方式对学员进行考核。

2. 基地培训中心以培训学员培训课程体系为依据，结合在线培训计划将课程分为必修课和选修课两种。

3. 必修课是根据培训学员的职位和业务发展的需要，并与相关专业部门协商后，要求培训学员必须学习的课程，培训学员在获得分配的必修课程后，应在所规定期限内完成，并通过相应的考核。必修课主要包括以下三个方面：

（1）岗位要求必备技能：根据标准包各岗位必备技能的要求来确定各职位的必修课程。

（2）专业领域课程：根据对各专业人员的要求进行课程确定与分配。

（3）全体培训学员的必修课程：根据国家对企业文化建设、学习型组织建设的宗旨和精神，要求全体培训学员都应该学习的课程。

4. 选修课由学员在完成必修课程的基础上自主选择，开展学习。具体课程选择可以是通用性较强的课程。

第十二条　为完善平台功能，网培学院将不断进行功能升级、扩充、改造，各客户单位需根据本单位情况积极配合提出相应需求，网培学院应对客户单位提出的新的培训需求做出响应。

第四章　培训考核

第十三条　基地培训中心负责根据在线培训要求与学习情况进行统计，内容主要包括在线培训计划的制定、执行与完成情况，参加学习的时长、人数、学习情况等总体运营情况。

第十四条　学员学习考核应按照标准包中的考核标准进行考核。

第五章　安全管理制度

第十五条　除技术人员外，其他人员未经批准禁止进入设备机房。网培学院设备应定期巡查维护，具体按照设备管理办法实施。

第十六条　技术人员进行维护应做好相应审批手续及维护记录，禁止在无任何审批的情况下擅自进入机房操作设备。

第十七条　进行维护时应有两人（含）以上在场。

第十八条　网培学院为每位培训学员设置了独立的登录账号。培训学员应使用本人账号登录进行在线学习，任何个人不得转借或使用他人的账号登录网培学院。

第十九条　在线培训系统的课程、资料、案例等培训资源均归基地所有，任何单位或个人不得将网上资源提供给外部使用。

第二十条　培训学员在平台中的言论及行为必须符合国家法律法规和基地各项规定的要求。

第二十一条　本办法自发布之日起实施，由××省职业技能公共实训基地网培学院负责解释。

S省职业技能公共实训基地网培学院

年　月　日

S省职业技能公共实训基地安全防护管理规定

实验实训室是进行实践教学的重要基地，加之公共实训基地（以下简称基地）目前处于施工状态，安全问题不容忽视。结合基地实际情况，基地安全问题主要由人员安全和设备安全两方面构成。为了提高基地管理水平，保障全体师生人身安全，保证基地施工顺利完成，特制定以下安全防护管理规定。

一、人员安全问题

1. 施工场地实行封闭管理，学生由实训指导老师统一列队进出，禁止从非指定出入口进出实训区域。

目前，公共实训基地1号厂房外立面改造、内部隔层建设全面铺开。占学院近一半的区域同时施工，作业面积大，施工人员及车辆多，危险系数高。为了保障大家的人身安全，全体师生需遵守以下规定：

（1）施工方将封闭施工区域，与操场活动区隔离开来，并在足球场西南角和西北角设立半封闭区，操场主席台西侧道路为缓冲区，禁止一切学生活动（包括体育活动）。

（2）指定实训中心4号楼一楼北门为实训师生进出通道，厂房西侧铁道线综合实训区进出按施工期间指定的安全通道。

（3）学生禁止从非指定出入口进入实训区域。学生实训由指导老师统一列队进出。学校师生和非工程管理人员禁止进入工地施工现场。

2. 施工期间加强师生安全教育。

（1）师生、员工应远离施工现场，不得进入工地和围挡隔离区域，路过工地附近应注意观察有无下坠物、悬挂物、障碍物、突出物等。

（2）学生不得在围挡附近玩耍，不得攀爬、破坏工地围挡。

（3）师生在施工期间要注意避让工程车辆，不要随意在道路上追逐打闹，以免发生意外。

（4）各系对全体学生进行针对校园施工期间的安全教育。实训中心上课的实训指导老师开课前也要对学生进行安全教育。禁止与施工人员接触或发生冲突。

（5）师生离开实训室前应关妥门窗，认真检查水源、电源、气源是否已切断，对易燃的纸屑等杂物及时清除。

（6）未经管理人员的许可，任何人不得随意动用实训室内的仪器、设备。因不听指挥或违反操作规程而导致仪器设备损坏的，要追究责任，并按学院有关规定处理。

（7）实训中心区域内严禁吸烟。

（8）全校师生务必高度重视，增强安全防范意识，服从学校统一安排，确保施工期间全体师生的人身安全，共同维护校园安全稳定。

责任部门：学生处、各系部、安全处、实训基地工程建设组。

二、设备安全问题

公共实训基地施工期间作业面积大，人员以及车辆来往复杂，为确保国家财产以及基地设备不受损失，基地办全力配合安全处的工作，实行以下管理办法：

1. 在基地工程建设过程中，实训场地四周安放监控摄像装置，实现全方位无死角监控，以确保安全。

2. 建议安全处统一要求所有持门禁卡的教职员工及保洁人员，进出大门时不得携带学生进出；建议安全处于学生出入时间在操场西北侧安全门安排值班人员，确保学生人身安全。

3. 安全处在巡逻过程中与基地办值班人员互通信息，如遇到重大事情，共同配合处理。

4. 节假日期间要加强巡逻，确保学校财产以及基地设备安全。

5. 基地办实行轮流值班制度，值班人员做好安全隐患排查工作，发现漏水、漏电等问题要及时处理，做好值班记录，不得擅离职守。

责任部门：安全处。

S省职业技能公共实训基地
年　月　日

附录 4 /

名词解释

1. 技能型社会：2021 年 4 月，全国职业教育大会创造性提出了建设技能型社会的理念和战略。我们要高举"技能型社会"这面旗帜，加快构建面向全体人民、贯穿全生命周期、服务全产业链的职业教育体系，加快建设国家重视技能、社会崇尚技能、人人学习技能、人人拥有技能的技能型社会，让技术技能"长入"经济、"汇入"生活、"融入"文化、"渗入"人心、"进入"议程。[150]

2. 技能劳动者：指在有职业资格等级或职业技能等级要求的技术工种岗位工作的从业人员（不包括熟练工人和勤杂人员）。既包括取得职业资格证书或职业技能等级证书的高级技师、技师、高级工、中级工和初级工，也包括没有取得职业资格证书或职业技能等级证书但受聘为相应职位的人员。对于在有职业资格等级或职业技能等级要求的岗位工作的从业人员（如营销师、物流师、电子商务师等），以及同时取得专业技术资格证书和职业资格证书或职业技能等级证书的人员，也纳入统计范围。

3. 技能人才：指掌握专门知识和技术，具备一定的操作技能，并在工作实践中能够运用自己的技术和能力进行实际操作的人员。他们是我国人才队伍的组成部分，是技术人员队伍的骨干。

4. 高技能人才：为以高级工、技师和高级技师为代表的、拥有精湛技艺的、具备职业素质和职业技能的高级人才。[151]

5. 高技能领军人才：高技能领军人才包括获得全国劳动模范、全国五一劳动奖章、中华技能大奖、全国技术能手等荣誉以及享受省级以上政府特殊津贴的人员，或各省（自治区、直辖市）政府认定的"高精尖缺"高技能人才。[152]

6. 公共职业技能培训：指政府为了帮助劳动者实现就业或提高劳动者职业技能与素质，更好地满足劳动力市场需求和劳动者个人职业发展需要，由政府完全或部分出资向劳动者提供的非学历的技能培训。

7. 公共职业技能培训共建：指相关利益主体共同对公共职业技能培训人员、设备、技术和场地等方面要素进行协调统筹和合作建设的方式。

8. 公共职业技能培训共享：指相关利益主体充分利用公共职业技能培训机构的实训教学、职业培训、技能鉴定评价、技术服务、产品生产等功能，除了在场地、设备等硬件方面实现资源共享，还在师资、课程等软件方面实现资源共享，最终形成多方互利共赢的局面。

9. 公共实训基地：指由政府主导建设、向城乡各类劳动者开放的、以职业院校、职业培训机构、企业等为载体的、提供技能训练、技能竞赛、技能鉴定、创业孵化、师资培训、课程研发等服务的公共性、公益性、示范性、综合性职业技能实训场所。

10. 培训载体：指进行公共职业技能培训时提供培训场地，组织培训课程的主体，包括公共实训基地、职工职业技能实训基地、职业农民培育基地、创业孵化基地、高技能人才培训基地、技能大师工作室等，以及承担相关功能的技工院校、就业训练中心、民办培训机构、企业培训部门等。

11. 农民工：指在本地乡镇企业或者进入城镇务工的农业户口人员。农民工有广义和狭义之分：广义的农民工包括两部分人，一部分是在本地乡镇企业就业的离土不离乡的农村劳动力，一部分是外出进入城镇从事第二、三产业的离土又离乡的农村劳动力；狭义的农民工主要是指后一部分，离土又离乡的劳动者。

12. 低收入劳动力：指建档立卡低收入家庭中 16 周岁以上、有劳动能力和就业意愿的人员。

13. 重点就业群体：指高校毕业生、农民工、灵活就业人员、残疾人、零就业家庭成员、妇女、退役军人、大龄劳动者等。[153]

14. 劳动年龄人口：指社会总人口中处于劳动年龄范围内的人口。在我国，目前的劳动年龄范围为 16～59 岁。

15. 结构性缺工/失业：指由于经济结构（包括产业结构、产品结构、地区结构等）发生了变化，现有劳动力的知识、技能、观念、区域分布等不适应这种变化，与市场需求不匹配而引发的劳动力市场结构性矛盾。

16. 收益外部性：外部性指一个人或一群人的行动和决策使另一个人或一群人受损或受益的情况。收益外部性是指某个经济行为个体的活动在获得收益的同时，也使他人或社会受益，而受益者无须花费成本。

17. 全要素生产率：指"生产活动在一定时间内的效率"，是衡量单位总投入的生产率指标，即总产量与全部要素投入量之比。

18. 互联网＋：指把互联网的创新成果与经济社会各领域深度融合，推动技术进步、效率提升和组织变革，提升实体经济创新力和生产力，形成更广泛的以互联网为基础设施和创新要素的经济社会发展新形态。[154]

参考文献

［1］何筠，汤新发．论我国公共职业培训机制的选择和创新．中国职业技术教育，2005（33）．

［2］谭啸．论我国公共就业培训制度的完善．成都：四川大学，2007.

［3］黄衡．高职园区实践性教学资源的共建共享研究：以常州科教城为例．苏州大学，2012.

［4］周维红．上海市职业教育实训基地共建共享研究．上海：华东师范大学，2017.

［5］徐艳，陈玉杰．新中国职业技能培训 70 年：历程、经验与趋势．中国劳动，2019（11）．

［6］为制造大国注入技能动力：我国职业能力建设工作 70 年回眸．中国劳动保障报，2019 - 09 - 30.

［7］根据人力资源和社会保障部数据（http：//www. mohrss. gov. cn/SYrlzyhshbzb/zwgk/szrs/sjfx）整理。

［8］三部门关于印发《制造业人才发展规划指南》的通知．（2016 - 12 - 27）. http：//www. gov. cn/xinwen/2017 - 02/24/content _ 5170697. htm.

［9］中智咨询发布《2018—2019 年人力资源市场关键指标年度观察报告》．（2019 - 05 - 21）. http：//www. ciickc. com/ciic _ kc/zzkcxw/qyxw/545142/index. html.

[10] 第七次全国人口普查公报（第五号）. http：//www. stats. gov. cn/sj/tjgb/rkpcgb/qgrkpcgb/202302/t20230206 _ 1902005. html.

[11] 国务院办公厅关于印发职业技能提升行动方案（2019—2021年）的通知.（2019 - 05 - 18）. http：//www. gov. cn/zhengce/content/2019 - 05/24/content _ 5394415. htm.

[12] 中共中央办公厅 国务院办公厅印发《关于推动现代职业教育高质量发展的意见》.（2021 - 10 - 12）. http：//www. gov. cn/gongbao/content/2021/content _ 5647348. htm.

[13] 教育部等四部门印发《关于在院校实施"学历证书＋若干职业技能等级证书"制度试点方案》的通知.（2019 - 04 - 04）. http：//www. gov. cn/zhengce/zhengceku/2019 - 10/23/content _ 5443983. htm.

[14] 教育部等九部门关于印发《职业教育提质培优行动计划（2020—2023年)》的通知.（2020 - 09 - 29）. http：//www. moe. gov. cn/srcsite/A07/zcs _ zhgg/202009/t20200929 _ 492299. html.

[15] 2022年度人力资源和社会保障事业发展统计公报.（2023 - 06 - 20）. http：//www. mohrss. gov. cn/xxgk2020/fdzdgknr/ghtj/tj/ndtj/202306/t20230620 _ 501761. html.

[16] 2022年度人力资源和社会保障事业发展统计公报.（2023 - 06 - 20）. http：//www. mohrss. gov. cn/xxgk2020/fdzdgknr/ghtj/tj/ndtj/202306/t20230620 _ 501761. html.

[17] 2022年度人力资源和社会保障事业发展统计公报.（2023 - 06 - 20）. http：//www. mohrss. gov. cn/xxgk2020/fdzdgknr/ghtj/tj/ndtj/202306/t20230620 _ 501761. html.

[18] 2022年度人力资源和社会保障事业发展统计公报.（2023 - 06 - 20）. http：//www. mohrss. gov. cn/xxgk2020/fdzdgknr/ghtj/tj/ndtj/202306/t20230620 _ 501761. html.

[19] 根据中国就业培训技术指导中心《公共实训基地信息调查报告》整理.

[20] 柯永红，陈卫军，王静，等. 职业培训数字化资源共享模式研究：以世界银行贷款"数字化培训教学资源共享平台"项目为标本. 中国远程教

育，2016 (9).

[21] 柯永红，陈卫军，王静，等 . 职业培训数字化资源共享模式研究：以世界银行贷款"数字化培训教学资源共享平台"项目为标本 . 中国远程教育，2016 (9).

[22] 根据国家职业技能提升培训服务平台 (http：//jntspx. chinahrt. com) 信息整理。

[23] AQF Second Edition. (2013 - 01 - 01). https：//www. aqf. edu. cn/publication/aqf-second-edition.

[24] 赵军，马庆发 . 新自由主义对澳大利亚职业教育的形塑及其反思 . 职业技术教育，2012 (31).

[25] 查国硕 .21 世纪澳大利亚职业教育政策演进解读 . 职业教育研究，2016 (6).

[26] 过筱，石伟平 . 智能制造背景下澳大利亚学徒制创新发展研究 . 职业技术教育，2018 (19).

[27] 芮小兰 . 传统学徒制与现代学徒制的比较研究 . 消费导刊，2008 (4).

[28] 董改花 . 英国现代学徒制在新能源高端装备制造实训基地中的探索 . 职教通讯，2014 (26).

[29] 刘山勋 . 德美英实训基地建设有高招 . 教育与职业，2015 (13).

[30] 刘山勋 . 德美英实训基地建设有高招 . 教育与职业，2015 (13).

[31] 陈慧敏 . 英国"现代学徒制"的校企实训基地合作模式分析 . 时代经贸，2016 (10).

[32] 根据英国学徒与职业教育协会 (https：//www. instituteforapprenticeships. org/quality/) 信息整理。

[33] 钮丽 . 英国现代学徒能力体系建构对我国的启示 . 天津中德应用技术大学学报，2021 (4).

[34] 钮丽，赵善庆 . 英国现代学徒制法律保障体系的特点及对我国的启示 . 机械职业教育，2021 (7).

[35] 钮丽，翟志华 . 英国现代学徒制经费投入对我国的启示 . 山东商业职业技术学院学报，2021 (2).

[36] 刘亮亮. 英国现代学徒制对我国职业教育发展的启示. 教育探索，2016（5）.

[37] 岑建，楼世洲. 英国学徒税政策及其特点. 比较教育研究，2017（12）.

[38] Fung M. Developing a Robust System for Upskilling and Reskilling the Workforce：Lessons from the Skills Future Movement in Singapore//Panth B，Maclean R. Anticipating and Preparing for Emerging Skills and Jobs：Key Issues，Concerns，and Prospects. Singapore：Springer Singapore，2020.

[39] 张国民，袁清心. 新加坡技能创前程计划及其对我国职业教育发展的若干启示. 职业技术教育，2018（13）.

[40] 关于深化退役士兵安置改革实行职业技能培训促进就业的实施意见. (2006 - 07 - 20). http：//www. gd. gov. cn/zwgk/wjk/zcfgk/content/post _ 2523897. html.

[41] 关于进一步加强退役士兵职业教育和技能培训工作的通知. (2011 - 09 - 30). http：//www. gd. gov. cn/gkmlpt/content/0/140/post _ 140057. html♯7.

[42] 关于进一步落实劳动力技能晋升培训政策的意见. (2014 - 06 - 23). http：//www. gd. gov. cn/zwgk/wjk/zcfgk/content/post _ 2725826. html.

[43] 关于印发《广东省省级劳动力培训转移就业专项资金管理办法》的通知. (2014 - 06 - 09). http：//www. gd. gov. cn/zwgk/wjk/zcfgk/content/post _ 2531896. html.

[44] 国务院办公厅关于印发职业技能提升行动方案（2019—2021 年）的通知. (2019 - 05 - 18). http：//www. gov. cn/gongbao/content/2019/content _ 5397705. htm.

[45] 广东省人民政府办公厅关于印发广东省职业技能提升行动实施方案（2019—2021 年）的通知. (2019 - 08 - 07). http：//www. gd. gov. cn/zwgk/wjk/qbwj/yfb/content/post _ 2584786. html.

[46] 广东省人民政府关于印发《广东省智能制造发展规划（2015—2025 年)》的通知. (2015 - 07 - 23). http：//www. gd. gov. cn/gkmlpt/content/0/144/post _ 144148. html♯7.

[47] 关于设立高技能人才实训基地若干问题的通知. (2004 - 04 - 26). ht-

tp：//hrss. gd. gov. cn/gkmlpt/content/4/4055/post＿4055277. html♯4033.

［48］广东省劳动和社会保障厅企业高技能人才评价工作管理规定．（2007 - 09 - 07）. http：//www. gd. gov. cn/zwgk/gongbao/2007/28/content/post＿ 3362216. html.

［49］关于规范创业培训机构认定等有关工作的通知．（2009 - 10 - 11）. http：//www. gd. gov. cn/zwgk/wjk/zcfgk/content/post＿2720269. html.

［50］关于印发广东省高技能人才公共实训基地认定办法的通知．（2010 - 08 - 12）. http：//www. gd. gov. cn/zwgk/wjk/zcfgk/content/post＿2524535. html.

［51］关于印发《广东省人力资源和社会保障厅关于职业技能鉴定所（站）的管理办法》的通知．（2020 - 01 - 02）. http：//hrss. gd. gov. cn/zcfg/zcfgk/ content/post＿2860455. html.

［52］非营利性民办培训机构的监督管理办法．（2018 - 05 - 28）. http：// www. gd. gov. cn/zwgk/wjk/content/post＿2716872. html.

［53］广东省人力资源和社会保障厅关于印发《广东省职业技能培训课程标准开发技术规程（试行）》的通知．（2020 - 01 - 20）. http：//www. gd. gov. cn/zwgk/gongbao/2020/5/content/post＿3366691. html.

［54］广东省人力资源和社会保障厅关于印发《广东省职业技能培训合格证书管理办法》的通知．（2020 - 04 - 13）. http：//hrss. gd. gov. cn/zwgk/ xxgkml/bmwj/gfxwj/content/post＿2997684. html.

［55］广东省人力资源和社会保障厅 广东省财政厅关于印发广东省职业技能提升培训补贴申领管理办法的通知．（2019 - 11 - 28）. http：//www. gd. gov. cn/zwgk/wjk/zcfgk/content/post＿2939144. html.

［56］广东省人力资源和社会保障厅关于印发广东省职业技能提升各职业（工种）及专项职业能力补贴（指导）标准的通知．（2020 - 02 - 01）. http：// www. gd. gov. cn/zwgk/gongbao/2020/5/content/post＿3366690. html.

［57］关于深化退役士兵安置改革实行职业技能培训促进就业的实施意见． （2006 - 07 - 20）. http：//www. gd. gov. cn/zwgk/wjk/zcfgk/content/post＿ 2523897. html.

［58］关于印发广东省高技能人才公共实训基地认定办法的通知．（2010 - 08 - 12）. http：//www. gd. gov. cn/zwgk/wjk/zcfgk/content/post＿2524535. html.

［59］关于做好全省创业培训定点机构认定职能下放承接工作的通知．
（2016 - 09 - 19）．http：//www.gd.gov.cn/zwgk/wjk/zcfgk/content/post _
2720305.html.

［60］广东省人民政府办公厅关于印发广东省职业技能提升行动实施方案
（2019—2021 年）的通知．（2019 - 08 - 07）．http：//www.gd.gov.cn/zwgk/
wjk/qbwj/yfb/content/post _ 2584786.html.

［61］广东省教育厅 广东省人力资源和社会保障厅 广东省民政厅 广东省工
商行政管理局关于印发《民办培训机构的设置标准》的通知．（2018 - 05 - 28）．
http：//www.gd.gov.cn/zwgk/wjk/zcfgk/content/post _ 2724898.html.

［62］广东省人力资源和社会保障厅 广东省财政厅关于广东省全面推行企
业新型学徒制实施方案．（2019 - 07 - 13）．http：//www.gd.gov.cn/zwgk/
gongbao/2019/22/content/post _ 3366420.html.

［63］广东省人民政府办公厅关于印发广东省职业技能提升行动实施方案
（2019—2021 年）的通知．（2019 - 08 - 07）．http：//www.gd.gov.cn/zwgk/
gongbao/2019/24/content/post _ 3366453.html.

［64］广东省人力资源和社会保障厅 广东省财政厅关于失业保险支持参保
职工提升职业技能有关问题的通知．（2017 - 12 - 06）．http：//www.gd.
gov.cn/zwgk/gongbao/2017/35/content/post _ 3365687.html.

［65］广东省人民政府办公厅关于印发广东省职业技能提升行动实施方案
（2019—2021 年）的通知．（2019 - 08 - 07）．http：//www.gd.gov.cn/zwgk/
wjk/qbwj/yfb/content/post _ 2584786.html.

［66］关于印发广东省高技能人才公共实训基地认定办法的通知．（2010 -
08 - 12）．http：//www.gd.gov.cn/zwgk/wjk/zcfgk/content/post _ 2524535.
html.

［67］广东省人民政府办公厅关于印发广东省职业技能提升行动实施方案
（2019—2021 年）的通知．（2019 - 08 - 07）．http：//www.gd.gov.cn/zwgk/
wjk/qbwj/yfb/content/post _ 2584786.html.

［68］广东省人力资源和社会保障厅 广东省财政厅关于广东省全面推行企
业新型学徒制实施方案．（2019 - 07 - 13）．http：//www.gd.gov.cn/zwgk/
gongbao/2019/22/content/post _ 3366420.html.

[69] 广东省教育厅 广东省经济和信息化委员会 广东省财政厅 广东省人力资源和社会保障厅关于大力开展职业教育现代学徒制试点工作的实施意见. (2016 - 01 - 20). http: //edu. gd. gov. cn/gkmlpt/content/2/2094/post _ 2094210. html♯1622.

[70] 广东省人力资源和社会保障厅关于印发《广东省职业技能培训课程标准开发技术规程（试行）》的通知. (2020 - 01 - 20). http: //www. gd. gov. cn/zwgk/gongbao/2020/5/content/post _ 3366691. html.

[71] 广东省人民政府办公厅关于印发广东省职业教育"扩容、提质、强服务"三年行动计划（2019—2021 年）的通知. (2019 - 02 - 03). http: //www. gd. gov. cn/zwgk/wjk/qbwj/yfb/content/post _ 2170531. html.

[72] 广东省教育厅 广东省经济和信息化委员会 广东省财政厅 广东省人力资源和社会保障厅关于大力开展职业教育现代学徒制试点工作的实施意见. (2016 - 01 - 20). http: //edu. gd. gov. cn/gkmlpt/content/2/2094/post _ 2094210. html♯1622.

[73] 广东省人民政府办公厅关于印发广东省职业教育"扩容、提质、强服务"三年行动计划（2019—2021 年）的通知. (2019 - 02 - 03). http: //www. gd. gov. cn/zwgk/wjk/qbwj/yfb/content/post _ 2170531. html.

[74] 广东省人力资源和社会保障厅关于在工程技术领域实现高技能人才与工程技术人才职业发展贯通的实施方案. (2019 - 05 - 10). http: //www. gd. gov. cn/zwgk/gongbao/2019/16/content/post _ 3366353. html.

[75] 广东省人民政府办公厅关于印发广东省职业教育"扩容、提质、强服务"三年行动计划（2019—2021 年）的通知. (2019 - 02 - 03). http: //www. gd. gov. cn/zwgk/wjk/qbwj/yfb/content/post _ 2170531. html.

[76] 广东省人民政府办公厅关于印发广东省职业教育"扩容、提质、强服务"三年行动计划（2019—2021 年）的通知. (2019 - 02 - 03). http: //www. gd. gov. cn/zwgk/wjk/qbwj/yfb/content/post_ 2170531. html.

[77] 广东省人民政府办公厅关于印发广东省职业教育"扩容、提质、强服务"三年行动计划（2019—2021 年）的通知. (2019 - 02 - 03). http: //www. gd. gov. cn/zwgk/wjk/qbwj/yfb/content/post _ 2170531. html.

[78] 广东省人民政府办公厅关于印发广东省职业技能提升行动实施方案

(2019—2021 年）的通知．（2019 - 08 - 07）. http：//www. gd. gov. cn/zwgk/
wjk/qbwj/yfb/content/post _ 2584786. html.

[79] 广东省人民政府办公厅关于印发广东省职业技能提升行动实施方案
（2019—2021 年）的通知．（2019 - 08 - 07）. http：//www. gd. gov. cn/zwgk/
wjk/qbwj/yfb/content/post _ 2584786. html.

[80] 四川省人民政府办公厅关于印发四川省职业技能提升行动实施方案
（2019—2021 年）的通知．（2019 - 08 - 23）. https：//www. sc. gov. cn/
10462/11555/11563/2019/9/24/d4ac2a2637d44d6b9c0a33cd81a87537. shtml.

[81] 四川省住房和城乡建设厅等 11 部门关于印发《四川省加快培育新时
代建筑产业工人队伍的实施方案》的通知．（2021 - 11 - 09）. http：//jst. sc.
gov. cn/scjst/c101428/2021/11/11/baa426727b1c481bab54bfede9224cb9. shtml.

[82] 关于印发《四川省康养职业技能培训计划实施方案》的通知．
（2021 - 06 - 15）. http：//rst. sc. gov. cn/rst/zyjntszcwj/2021/6/29/cbbca17d
98964ec5be163a7c84c749b5. shtml.

[83] 四川省人民政府办公厅关于支持农民工和农民企业家返乡创业的实
施意见．（2015 - 08 - 02）. https：//www. sc. gov. cn/10462/10883/11066/
2015/8/6/10347332. shtml.

[84] 四川省人民政府办公厅关于印发"天府工匠"培养工程实施方案的
通知．（2018 - 09 - 07）. https：//www. sc. gov. cn/10462/c103046/2018/9/
12/fe332fda9a4f4a059541d7a671d68d9e. shtml.

[85] 关于组织开展 2021 年度省级高技能人才培训基地和技能大师工作室
建设项目申报评审工作的通知．（2021 - 07 - 28）. http：//rst. sc. gov. cn/rst/
gsgg/2021/8/2/34b3a9dba4014115b00f130747aac698. shtml.

[86] 关于开展院校学生职业技能等级认定试点工作的通知．（2021 - 06 -
16）. http：//rst. sc. gov. cn//rst/gsgg/2021/6/23/e4c0806ef74042478be5373
dd695f186. shtml.

[87] 关于充分发挥职业技能提升行动专账资金效能扎实推进职业技能提
升行动的通知．（2021 - 04 - 19）. http：//rst. sc. gov. cn//rst/zyjntszcwj/
2021/5/12/49bf74d8de6a49568ef6451b8f973307. shtml.

[88] 关于印发《四川省高技能人才与专业技术人才职业发展贯通实施方

案》的通知．（2021-10-25）．http：//rst. sc. gov. cn//rst/zyjntszcwj/2021/
11/12/b3f027700d534fe49c19b6460416fe00. shtml.

[89] 四川省人民政府办公厅关于印发四川省职业技能提升行动实施方案
（2019—2021 年）的通知．（2019-08-23）．https：//www. sc. gov. cn/
10462/11555/11563/2019/9/24/d4ac2a2637d44d6b9c0a33cd81a87537. shtml.

[90] 关于充分发挥职业技能提升行动专账资金效能扎实推进职业技能提
升行动的通知．（2021-04-19）．http：//rst. sc. gov. cn//rst/zyjntszcwj/
2021/5/12/49bf74d8de6a49568ef6451b8f973307. shtml.

[91] 四川省人民政府办公厅关于印发四川省职业技能提升行动实施方案
（2019—2021 年）的通知．（2019-08-23）．https：//www. sc. gov. cn/
10462/11555/11563/2019/9/24/d4ac2a2637d44d6b9c0a33cd81a87537. shtml.

[92] 四川省教育厅 四川省经济和信息化委员会关于开展现代学徒制试点
工作的实施意见．（2015-05-21）．http：//edu. sc. gov. cn/scedu/c100543/
2015/5/22/5c7adfea116946328a33fe57ee391c90. shtml.

[93] 四川省人民政府关于印发四川省职业教育改革实施方案的通知．
（2020-09-23）．https：//www. sc. gov. cn/10462/11555/11562/2020/10/
16/748ed223f86b4a60a3b89d6be1ef2820. shtml.

[94] 四川省人民政府关于印发《四川省"十四五"就业促进规划》的通
知．（2021-07-31）．https：//www. sc. gov. cn/10462/zfwjts/2021/8/3/
d03847a09d714f38adb58f786ebedcb6. shtml.

[95] 关于印发《四川省高技能人才与专业技术人才职业发展贯通实施方
案》的通知．（2021-10-25）．http：//rst. sc. gov. cn//rst/zyjntszcwj/2021/
11/12/b3f027700d534fe49c19b6460416fe00. shtml.

[96] 四川省人民政府办公厅转发人力资源社会保障厅等部门关于加强企
业技能人才队伍建设的实施意见的通知．（2013-08-30）．https：//
www. sc. gov. cn/10462/10883/11066/2013/9/2/10275088. shtml.

[97] 四川省教育厅关于印发《四川省高等职业教育创新发展行动计划总
体实施方案》的通知．（2016-08-25）．http：//edu. sc. gov. cn/scedu/c100542/
2016/8/31/86f35918a5ad41e6bc33af9a1eb15972. shtml.

[98] 四川省人民政府关于加快发展现代职业教育的实施意见．（2014-

08－14）．https：//www. sc. gov. cn/10462/10883/11066/2014/8/19/10310276.
shtml.

[99] 四川省教育厅关于印发《四川省高等职业教育创新发展行动计划总
体实施方案》的通知．（2016－08－25）．http：//edu. sc. gov. cn/scedu/
c100542/2016/8/31/86f35918a5ad41e6bc33af9a1eb15972. shtml.

[100] 四川省人民政府关于加快发展现代职业教育的实施意见．（2014－08－
14）．https：//www. sc. gov. cn/10462/10883/11066/2014/8/19/10310276. shtml.

[101] 天津市人民政府关于印发天津市中长期职业技能培训规划（2019—
2025 年）的通知．（2019－02－26）．https：//www. tj. gov. cn/zwgk/szfwj/
tjsrmzf/202005/t20200519 _ 2366037. html.

[102] 天津市人民政府办公厅关于鼓励社会力量参与职业教育办学激发职
业院校办学活力的指导意见．（2018－09－30）．https：//www. tj. gov. cn/
zwgk/szfwj/tjsrmzfbgt/202005/t20200519 _ 2370540. html.

[103] 天津市人民政府办公厅关于印发天津市职业技能提升行动实施方案
（2019—2021 年）的通知．（2019－08－14）．https：//www. tj. gov. cn/zwgk/
szfwj/tjsrmzfbgt/202005/t20200519 _ 2370637. html.

[104] 天津市人民政府办公厅关于印发天津市职业技能提升行动实施方案
（2019—2021 年）的通知．（2019－08－14）．https：//www. tj. gov. cn/zwgk/
szfwj/tjsrmzfbgt/202005/t20200519 _ 2370637. html.

[105] 天津市人民政府关于印发天津市中长期职业技能培训规划（2019—
2025 年）的通知．（2019－02－26）．https：//www. tj. gov. cn/zwgk/szfwj/
tjsrmzf/202005/t20200519 _ 2366037. html.

[106] 天津市人民政府关于加快发展现代职业教育的意见．（2016－03－
17）．https：//www. tj. gov. cn/zwgk/szfwj/tjsrmzf/202005/t20200519 _ 2365705.
html.

[107] 天津市人民政府办公厅关于实施"海河工匠"建设的通知．（2019－
04－28）．https：//www. tj. gov. cn/zwgk/szfwj/tjsrmzfbgt/202005/t20200519 _
2370623. html.

[108] 市教委关于印发 2019 年天津市职业教育和继续教育工作要点的通
知．（2019－03－11）．https：//jy. tj. gov. cn/ZWGK _ 52172/zfxxgk1 _ 1/

fdzdgknr1/qtfdgkxx/202012/t20201203 _ 4301343. html.

［109］市人力社会局关于加强技工教育和职业培训教材建设工作的通知.（2017 - 06 - 22）. https：//hrss. tj. gov. cn/zhengwugongkai/zhengcezhinan/zxwjnew/202012/t20201206 _ 4491908. html.

［110］天津市人民政府关于印发天津市中长期职业技能培训规划（2019—2025 年）的通知.（2019 - 02 - 26）. https：//www. tj. gov. cn/zwgk/szfwj/tjsrmzf/202005/t20200519 _ 2366037. html.

［111］天津市人民政府关于加快发展现代职业教育的意见.（2016 - 03 - 17）. https：//www. tj. gov. cn/zwgk/szfwj/tjsrmzf/202005/t20200519 _ 2365705. html.

［112］天津市人民政府办公厅关于实施"海河工匠"建设的通知.（2019 - 04 - 28）. https：//www. tj. gov. cn/zwgk/szfwj/tjsrmzfbgt/202005/t20200519 _ 2370623. html.

［113］市教委关于印发 2018 年天津市职业教育和继续教育工作要点的通知.（2018 - 02 - 28）. https：//jy. tj. gov. cn/ZWGK _ 52172/zcwj/sjwwj/202011/t20201111 _ 4062585. html.

［114］浙江省人民政府办公厅关于深化产教融合的实施意见.（2018 - 11 - 14）. https：//www. zj. gov. cn/art/2018/11/19/art _ 1229017139 _ 56657. html.

［115］浙江省人民政府关于印发浙江省深化产教融合推进职业教育高质量发展实施方案的通知.（2020 - 11 - 16）. https：//www. zj. gov. cn/art/2020/11/16/art _ 1229620679 _ 2392866. html.

［116］教育部 浙江省人民政府关于推进职业教育与民营经济融合发展助力"活力温台"建设的意见.（2020 - 12 - 25）. https：//www. zj. gov. cn/art/2021/1/29/art _ 1229019364 _ 2229350. html.

［117］浙江省人力资源和社会保障厅 浙江省财政厅关于印发《浙江省职业技能提升行动实施方案（2019—2021 年）》的通知.（2019 - 08 - 30）. http：//rlsbt. zj. gov. cn/art/2019/10/23/art _ 1229506771 _ 312691. html.

［118］浙江省人民政府办公厅关于加快推进技能人才队伍建设的意见.（2015 - 03 - 12）. https：//www. zj. gov. cn/art/2015/3/13/art _ 1229017139 _ 57115. html.

［119］浙江省人力资源和社会保障厅等 18 部门关于实施"金蓝领"职业技能提升行动的通知.（2021 - 03 - 29）. http：//rlsbt. zj. gov. cn/art/2021/3/29/art _ 1229506771 _ 2265468. html.

［120］教育部 浙江省人民政府关于推进职业教育与民营经济融合发展助力"活力温台"建设的意见.（2020 - 12 - 25）. https：//www. zj. gov. cn/art/2021/1/29/art _ 1229019364 _ 2229350. html.

［121］浙江省人民政府关于加快发展现代职业教育的实施意见.（2015 - 06 - 01）. https：//www. zj. gov. cn/art/2015/6/2/art _ 1229017138 _ 64071. html.

［122］浙江省人民政府办公厅关于深化产教融合的实施意见.（2018 - 11 - 14）. https：//www. zj. gov. cn/art/2018/11/19/art _ 1229017139 _ 56657. html.

［123］浙江省人民政府办公厅关于加快推进技能人才队伍建设的意见.（2015 - 03 - 12）. https：//www. zj. gov. cn/art/2015/3/13/art _ 1229017139 _ 57115. html.

［124］浙江省发展和改革委员会 浙江省教育厅关于印发《浙江省教育事业发展"十四五"规划》的通知.（2021 - 06 - 11）. https：//www. zj. gov. cn/art/2021/6/28/art _ 1229203592 _ 2306483. html.

［125］浙江省发展和改革委员会 浙江省教育厅关于印发《浙江省教育事业发展"十四五"规划》的通知.（2021 - 06 - 11）. https：//www. zj. gov. cn/art/2021/6/28/art _ 1229203592 _ 2306483. html.

［126］省政府办公厅关于印发江苏省职业技能提升行动实施方案（2019—2021 年）的通知.（2019 - 08 - 28）. http：//www. jiangsu. gov. cn/art/2019/9/10/art _ 46144 _ 8708585. html.

［127］省政府办公厅关于印发江苏省职业技能提升行动实施方案（2019—2021 年）的通知.（2019 - 08 - 28）. http：//www. jiangsu. gov. cn/art/2019/9/10/art _ 46144 _ 8708585. html.

［128］省政府办公厅关于深化产教融合的实施意见.（2018 - 06 - 25）. http：//www. jiangsu. gov. cn/art/2018/7/16/art _ 65017 _ 347203. html.

［129］省政府办公厅关于深化产教融合的实施意见.（2018 - 06 - 25）. http：//www. jiangsu. gov. cn/art/2018/7/16/art _ 65017 _ 347203. html.

［130］省政府办公厅关于印发职业技能提升行动计划（2017—2020 年）

的通知. (2017 - 03 - 13). http：//www. jiangsu. gov. cn/art/2017/4/6/art _ 46481 _ 2557552. html? gqnahi＝affiy2.

[131] 省政府办公厅关于印发江苏高等职业教育创新发展卓越计划的通知. (2017 - 09 - 05). http：//www. jiangsu. gov. cn/art/2017/9/5/art _ 46144 _ 5585060. html.

[132] 省政府关于加快推进现代职业教育体系建设的实施意见. (2014 - 10 - 16). http：//www. jiangsu. gov. cn/art/2014/10/16/art _ 46143 _ 2542831. html.

[133] 省政府办公厅关于加强技能人才队伍建设促进产业转型升级的意见. (2014 - 04 - 22). http：//www. jiangsu. gov. cn/art/2014/4/22/art _ 46144 _ 2545245. html.

[134] 省政府办公厅关于深化产教融合的实施意见. (2018 - 06 - 25). http：//www. jiangsu. gov. cn/art/2018/7/16/art _ 65017 _ 347203. html.

[135] 省政府办公厅关于印发职业技能提升行动计划（2017—2020 年）的通知. (2017 - 03 - 13). http：//www. jiangsu. gov. cn/art/2017/4/6/art _ 46481 _ 2557552. html? gqnahi＝affiy2.

[136] 省政府办公厅关于印发江苏高等职业教育创新发展卓越计划的通知. (2017 - 09 - 05). http：//www. jiangsu. gov. cn/art/2017/9/5/art _ 46144 _ 5585060. html.

[137] 省政府办公厅关于印发江苏省职业技能提升行动实施方案（2019—2021 年）的通知. (2019 - 08 - 28). http：//www. jiangsu. gov. cn/art/2019/9/10/art _ 46144 _ 8708585. html.

[138] 省政府关于推行终身职业技能培训制度的实施意见. (2019 - 05 - 21). http：//www. jiangsu. gov. cn/art/2019/6/10/art _ 46143 _ 8356798. html.

[139] 省政府办公厅关于深化产教融合的实施意见. (2018 - 06 - 25). http：//www. jiangsu. gov. cn/art/2018/7/16/art _ 65017 _ 347203. html.

[140] 省政府办公厅关于印发职业技能提升行动计划（2017—2020 年）的通知. (2017 - 03 - 13). http：//www. jiangsu. gov. cn/art/2017/4/6/art _ 46481 _ 2557552. html? gqnahi＝affiy2.

[141] 省政府办公厅关于印发江苏高等职业教育创新发展卓越计划的通知. (2017 - 09 - 05). http：//www. jiangsu. gov. cn/art/2017/9/5/art _ 46144 _

5585060. html.

［142］省政府关于加快推进现代职业教育体系建设的实施意见.（2014-10-16）. http：//www. jiangsu. gov. cn/art/2014/10/16/art_46143_2542831. html.

［143］省政府办公厅关于加强技能人才队伍建设促进产业转型升级的意见.（2014-04-22）. http：//www. jiangsu. gov. cn/art/2014/4/22/art_46144_2545245. html.

［144］省政府办公厅关于深化产教融合的实施意见.（2018-06-25）. http：//www. jiangsu. gov. cn/art/2018/7/16/art_65017_347203. html.

［145］省政府办公厅关于印发职业技能提升行动计划（2017—2020年）的通知.（2017-03-13）. http：//www. jiangsu. gov. cn/art/2017/4/6/art_46481_2557552. html？gqnahi＝affiy2.

［146］省政府办公厅关于印发江苏高等职业教育创新发展卓越计划的通知.（2017-09-05）. http：//www. jiangsu. gov. cn/art/2017/9/5/art_46144_5585060. html.

［147］省政府关于加快推进现代职业教育体系建设的实施意见.（2014-10-16）. http：//www. jiangsu. gov. cn/art/2014/10/16/art_46143_2542831. html.

［148］省政府办公厅关于加强技能人才队伍建设促进产业转型升级的意见.（2014-04-22）. http：//www. jiangsu. gov. cn/art/2014/4/22/art_46144_2545245. html.

［149］北京市教育委员会关于开展北京市学分银行服务体系建设试点工作的通知.（2020-09-23）. http：//www. beijing. gov. cn/zhengce/zhengcefagui/202011/t20201123_2143122. html.

［150］陈宝生. 办好新时代职业教育，服务技能型社会建设. 光明日报，2021-05-01.

［151］刘娜，赵奭，刘智英. 中国高技能人才现状与供给预测分析. 重庆高教研究，2021（5）.

［152］高技能领军人才可探索实行年薪制.（2021-03-19）. http：//www. gov. cn/xinwen/2021-03/19/content_5593811. htm.

[153] 人力资源社会保障部关于印发人力资源和社会保障事业发展"十四五"规划的通知. (2021 - 06 - 29). http：//www. mohrss. gov. cn/xxgk2020/fdzdgknr/ghtj/fzgh/202107/t20210702_417552. html.

[154] 国务院关于积极推进"互联网＋"行动的指导意见. (2015 - 07 - 04). http：//www. gov. cn/zhengce/content/2015 - 07/04/content_10002. htm.

图书在版编目（CIP）数据

走向技能型社会：公共职业技能培训共建共享/郭
启民，杨伟国主编；陈玉杰，刘强副主编．--北京：
中国人民大学出版社，2023.8
　　ISBN 978-7-300-31764-9

　　Ⅰ.①走… Ⅱ.①郭… ②杨… ③陈… ④刘… Ⅲ.
①职业培训-研究-中国 Ⅳ.①C975

中国国家版本馆 CIP 数据核字（2023）第 101222 号

走向技能型社会——公共职业技能培训共建共享
主　编　郭启民　杨伟国
副主编　陈玉杰　刘　强
Zouxiang Jinengxing Shehui——Gonggong Zhiye Jineng Peixun Gongjian Gongxiang

出版发行	中国人民大学出版社	
社　　址	北京中关村大街 31 号	**邮政编码**　100080
电　　话	010－62511242（总编室）	010－62511770（质管部）
	010－82501766（邮购部）	010－62514148（门市部）
	010－62515195（发行公司）	010－62515275（盗版举报）
网　　址	http://www.crup.com.cn	
经　　销	新华书店	
印　　刷	唐山玺诚印务有限公司	
开　　本	720 mm×1000 mm　1/16	**版　　次**　2023 年 8 月第 1 版
印　　张	13 插页 1	**印　　次**　2023 年 8 月第 1 次印刷
字　　数	202 000	**定　　价**　79.00 元